被神话的美国

The Mythed America

王义桅 著

［献给我的母亲，她是我内心永远的神话！］

中国社会科学出版社

图书在版编目(CIP)数据

被神话的美国/王义桅著．-北京：中国社会科学出版社，2008.5
ISBN 978-7-5004-6833-2
Ⅰ.被... Ⅱ.王... Ⅲ.①政治-研究-美国②中美关系-研究
Ⅳ.D771.2 D822.371.2

中国版本图书馆CIP数据核字(2008)第037970号

责任编辑 门小薇
责任校对 沈 勇
责任印制 戴 宽
封面设计 李尘工作室

出版发行 中国社会科学出版社
社 址 北京鼓楼西大街甲158号 邮 编 100720
电 话 010-84029450(邮购)
网 址 http://www.csspw.cn
排 版 李尘工作室
经 销 新华书店
印刷装订 三河市君旺印装厂
版 次 2008年5月第1版 印 次 2008年5月第1次印刷
开 本 710×1000 1/16
印 张 15.5
字 数 220千字
定 价 32.00元

引言

美国对于中国而言，始终是个谜。国人向往美国，渴望了解美国。描写美国的书，包括翻译的和编写的，在中国不说汗牛充栋，也是信手拈来，但不管是远距离还是近距离观察美国，几乎是仰视、顶多是平视美国，或展示美国的强国之道，或批判其霸权之态，而鲜有俯瞰美国，探讨其兴衰律，警醒如何避免其衰亡；换言之，塑造、认同美国神话的多，而终结美国神话的少。本书通过一位美国研究者的留学经历，以一个个故事的形式，引领读者由远及近、由近及远，用 “眼睛·鼻子·舌头·耳朵·嘴巴”这五官全方位体验美国：镜中美国、呼吸美国、触摸美国、聆听美国、倾诉美国，展示一个个真实而美丽的美国神话：美国正在被神话——美国如何被神话——美国必然会被神话——如何打破美国神话——谁在神话美国……

在五官体验的基础上，进入反思层面，通过三条射线反射美国、折射美国，揭示美国神话如何终结、终结的最终形态，以及这对世界和中国意味着什么。

我深知，社会科学研究无法摈弃研究者的主体性，因而只具有相对的科学性而难以达到客观科学的境界；普通人的观念更是如此。中国人的美国观便带有浓重的中国情结。当今中国的美国观一定要放在中国现代化和所谓“中国崛起”的大背景下考察。近代中国人自从睁眼看世界以来，就一直对美国充满了向往与期待。从“门户开放”、威尔逊“十四点声明”、罗斯福“四大警察”设想，到今天佐利克的“利益攸关方”定位，国人无不表现出强烈的兴奋，对美国充满了希望。希望之极，失望之极，两者的交替演绎了中国人美国观的钟摆效应。美国崛起为世界首强后，不少中国人的潜意识中逐渐形成对美国的顶礼膜拜，甚至认为美国的今天就是中国的明天。崇洋媚外的“洋”和“外”，持续至今的，也只有美国；即便今天已从“崇洋媚外”到“冷眼向洋”，中国相对于美国的弊端与落后，尤其是老一代人的“文化大革命”体验，导致传统中国人的美国观其实是其中国观的折射。一句话，中国人的美国观，是从中国看美国的。对中国的失望和对美国的希望、对中国的谨慎和对美国的乐观，常常成为一枚银币的两面。

过分的中国情结和主观情感，导致对美国的神话。这种神话，就是因为对美国无形中寄予不切实际的期望，是自我实现的预言。还世界一个真实的美国，是时代发展的客观要求。

今天，美国已经从单纯的世界希望成为世界的首要问题，从中国的希望成为中国的首要问题。中美关系，虽然总体上未能突破美强我弱的局面，但是内涵上已经发生了本质的变化，以至于《纽约时报》专栏作家托马斯·弗里德曼把中美经济关系比作“连体婴儿”。与此同时，世界政治也发生了根本性变化，国家作为国际社会的主要行为体，日益对跨国问题束手无策——即便成为“新帝国”也无法解决，而且成为首要攻击对象。种种情形呼吁我们要超越传统视角看美国。从世界看美国，是全球化时代的呼吁。也就是说，认识美国，必须忘记自己是一个中国人，摈弃不自觉的中国情结。

美国被神话了！这不是我的发现，而是一个常识性判断。被神话的美国，则是我的发现。探讨美国被谁神话了，美国是如何被神话的，如何打破这种神话，及指出美国被神话的机制、终结美国神话的结果，从而回归美国本位性认识，是本书的主题。美国被神话了，不是指由于亲美而美化美国，或行为和理念的美国化，而特指美国作为国家成为目的而非手段的天真，正如古希腊神话的魅力在于它再现古希腊人把人当作目的的天真。美国不止是被崇美情结神话的，还是被美国人自己所神话的，或者更准确地说，是被美国的立国观念和美国的世界表现所神话的。

一般对美国的看法总是用“霸权”一词泛泛而谈，分析家们也只是从硬权力、软权力这一自以为是没有排他性的概念探讨美国的兴衰。本书的最大创新在于给出全新的美国定义：

美国＝被神话的美国＋作为传统大国的美国。

被神话的美国有三方面含义：建立在美国例外论和天定命运观基础上的美国；西方霸权的现代延续；以“华盛顿共识”为标志的全球化产物。相应地，终结美国神话有三种途径：美国反对美国、美国反对西方、美国反对世界。美国神话终结后，美国作为传统大国的命运就展示在我们面前：美国终将成为地区强国。

目录
Contents

序 美国，一个美丽的神话

“共和国”是个梦想。凡事必先源于梦想。
——【美】卡尔·桑德博格

Preface序

没想到美国诗人卡尔·桑德博格（Carl Sandburg）是这样来界定美利坚合众国的。一位研究美国探险和美国西部的感情丰富、热情洋溢的史学家——伯尔纳德·德·渥托 (Bernard De Voto)也这样写道：

美国历史是最浪漫的历史。它起源于神话，其发展离不开几个世纪的神话故事，美国历史上的每一刻都反复无常、难以捉摸，使人如痴如醉、快乐至极的时刻，也就是王子四处寻找那双唯一能穿进水晶鞋的玲珑小脚的时候。……我们的历史是作为梦想开始的，并且作为梦想一直延续下来，……关于我们的梦想，最要紧的有两点：一是只有迷狂者才能怀有这些梦想或者才敢做着这样的梦；二是我们在实现这些梦想方面已经显示出巨大的才能。①

的确，人生如梦，世界亦如梦。在人类历史上，美国就是一个梦，她见证了世界现代文明近三百年的成长，带给世界希望和不安。

作为一个新世界，许多美国人认为他们的国家是世界上最美好的、也是最后的希望所在，是青春之乡，代表了新的开端，是一片繁荣昌盛的土地；在外国人看来，美国历史就是一部经济奇迹和政治奇迹同时发生的历史。传媒巨头亨利·卢斯（Henry Luce）在《美国世纪》一文中写道：

与罗马帝国或成吉思汗和19世纪英国的威望不同，美国在全世界的威望在于全体美国人民对良好意愿的信念，对最先进的知识和最强大的力量的信念。……在这个国家，有些事情是极其重要的并具有突出的美国特点——对自由的热爱，对机会均等的感情，自力更生、独立自主但也主张合作的传统。除了具有突出美国特点的理想和观念外，我们还继承了西方文明的所有伟大原则——其中最重要的是主持正义、热爱真理和乐善好施。（美国第31任总统）赫伯特·胡佛（Herbert Hoover）曾说过，美国正迅速成为这些理想的庇护所。但这种情况并未持续多久。到了我们这个时代，美国已成为一种力量的源

注

①【美】詹姆士·O.罗伯逊著，贾秀东等译：《美国神话与美国现实》，中国社会科学出版社1990年版，第441－442页。

泉，将这些理想传遍全球，投身于使人类摆脱贫困，过上大卫王所说的，近乎天使的生活的神圣工作。①

然而，美国仍然逃脱不了盛极而衰的历史定则，为强大而自豪，也为强大而忧郁。美国的忧郁，一是历史太短，没有传统文明，于是在冷战结束后，处于高处不胜寒境地的美国，竟发出了“文明冲突论”的喟叹之声——作为唯一超级大国的美国，硬实力雄霸全球，唯一的缺憾是文明不如人，于是寻找敌人的嗅觉竟然转向历史悠久的儒家文明和伊斯兰文明；二是未来之痛，由于外来移民的大量增加，美国的“种”——盎格鲁－撒克逊人将成为美国的少数民族，美利坚要“国将不国”。真是“福兮祸所伏”，往日保持美国青春与活力的移民制度，将来要出卖美国。

天定命运的实情（美国向西部扩张）

发出这两种忧郁之声的是智者亨廷顿，继在《文明的冲突与世界秩序的重建》中将冷战后美国的敌人锁定在“文明－种族”层面后，他在2004年出版的《我们是谁？》一书中敏锐地感觉到了美国的痛——当外来移民超过盎格鲁－撒克逊人时，如何维持美国的本性呢？他们来自于世界，最终要回归于世界。如果亨氏懂得中华文化，他的忧郁会得到进一步解脱——移民如水，稀释了盎格鲁－撒克逊血统，美国将回归世界——美国本身就是世界的奇迹，就像历史

注

①亨利·卢斯：《美国世纪》，《交流》1999年第4期。卢斯在1941年2月撰写的这篇文章中宣称“20世纪是美国世纪”。

上许许多多辉煌过的帝国，如罗马帝国、奥斯曼帝国一样，将成为历史的奇葩。真所谓“天下没有不散的筵席”，在漫长的人类历史上，美国就像闪电划过长空，一度给人类带来光明，但终究归于平静。果然，美国人从来不喊“美利坚合众国万岁”。

这样说来，打破美国神话的，不是另一个大国的崛起，也并非美国过度的扩张，而是世界对美国的过度扩张。美国本身就是一个神话。丹·拉瑟（Dan Rather）写道：“美国之河就是以这样的方式流淌的，从我们最优秀的思想高原到我们最卑鄙行动的峡谷。同所有的河流一样，它也流向海洋。”[①]那海洋，拉瑟认为是“我们人民”，其实就是产生美国的世界。

天定命运论

秉承“天定命运”的美国人，企图把北美大陆塑造成为“山巅之城”，本指望能够按照美国意志改造世界，却被世界所淹没。[②]若干年后，多少历史学家在追思感慨！和历史上其他大国兴衰不同的是，考古学家没有加入这一悲壮的大合唱——人们的确不用感伤，美国已经回归世界，创造美国神话的是人类自身。

“在美国，任何一种见解，任何一种习惯，任何一项法律，而且我敢说任何一个事件，都不难从这个国家的起源当中找到解释。”[③]美国本是18世纪启

注

①丹·拉瑟：“美国梦——我们国家秉性的故事”，《交流》2002年第2期。

②“天定命运”（manifest Destiny）：美国历史名词。广义指美国人民命中注定是建立样板社会的上帝的选民。狭义指19世纪40年代和50年代美国扩张主义者宣扬的美国领土不断扩张是天命注定的思想。后一含义最初指对得克萨斯的兼并，但不久又用于美国与英国对俄勒冈的争端，及因墨西哥战争和美西战争而产生的领土兼并意图。该名词首先由J.L.奥沙立文于1845年7月在纽约《民主评论》的一篇文章中提出刘绪贻、李世洞主编：《美国研究词典》，中国社会科学出版社2002年版，第850页。

③【法】托克维尔著，董果良译：《论美国的民主》，商务印书馆1996年版，第32页。

蒙运动的产物。《独立宣言》的开篇“我们认为这些真理是不言而喻的……”一语表达了美国人的伟大信条和愿望，这种信念和愿望仍然受到启蒙运动神话的影响。然而，全球化时代开启了对西方殖民体系和启蒙运动的精神解构。多元化、地方化的蓬勃发展日益排斥用单一美国标准来剪裁多样性世界。其结果是，不再是世界在美国化，而是美国在世界化。美国本是世界发展到一定阶段的奇迹，它又将再次融入世界。

谁也没有想到，烧毁美国神话的第一把火焰是19名劫机分子点燃的。他们用了一种任何军事天才都难以想象的方式袭击了美国经济和军事的中心，制造

了让美国人刻骨铭心的“9·11”恶作剧——“9·11”是美国的报警电话，就像我们的“110”一样。报警日发生骇人听闻的恐怖袭击事件，无疑是对唯一超级大国——美国的巨大嘲弄和蔑视。

爱因斯坦说过，“原子弹改变了一切，除了我们的思维”。“9·11”刚

发生时，“一切都改变了”成为许多美国人的口头禅。一切真的都改变了吗？不幸的是，真正的改变，却是美国神话的落幕！

美国当地时间2001年9月11日9时许，陆续有四架波音757、767型客机被劫持，其中一架客机撞向纽约世贸大厦南楼，一架客机撞向世贸大厦北楼，一架客机撞向华盛顿五角大楼的国防部长办公室，第四架客机在向撞毁目标白宫飞行的途中坠毁。昔日工业文明的象征——世界贸易中心在连续遭到被劫持民航飞机的自杀性撞击后顷刻化为灰烬，数以千计的平民在袭击中丧生；五角大楼被撞成四角大厦；白宫附近、国会山旁连续发生炸弹爆炸事件……美国本土遭受自珍珠港事件以来最为严重的打击，美国的安全神话瞬间破灭。①

不仅如此，美国繁荣的标志是成为全世界自由、安全的投资场所；美国的国际化很大程度上也是基于其开放社会的理念——“9·11”破灭了这一神话。全球化、虚拟化的美国经济必须建立在信心的基础上。美国经济要维持大进大出的循环，就是要向全世界不断证明美国绝对第一的地位。美国需要这样一个神话——如果地球有末日的话，太阳也要从美国落山；如果世界上所有的货币，都像卢布那样崩溃的话，美元也是最后一个。

美国的巨额财政、贸易赤字和人均达两万美元的庞大债务，就像高悬在美国和世界经济头上的达摩克利斯之剑；而由于低储蓄率和寅吃卯粮的习惯，导致自身造血功能不足，美国于是通过铸币税收入②——现在美元现钞的60%是在美国以外流通——和科技创新以及军事万能的神话，通过战争或制造危机等形式，像黑洞一样，每天通过发行美国股票和国债的形式要卷走25亿美元的世界剩余资本和外汇储备，填充自己的资本市场，撑起美国经济大厦。

这就不难明白，美国为什么越花钱越有钱，越打仗越发财；也就不难明

注

①《从双子塔到新奥尔良 美国安全神话破灭》。《重庆晨报》2005年9月11日。

② 在金本位崩溃之后，以纸币为基础的信用本位取代了金本位；美元代行国际货币职能，给美国带来了巨大利益。当一张毫无价值可言的纸币被国家印制出来时，铸币税就等于这张纸币所能购买到的社会产品价值，中间的差额即为美国的“铸币税”。美国并不需要为外国人持有的美元支付利息，因此外国人持有的美元数量乘以利率就是美国从中获得的铸币税收入。

美国神话的两面性：美国民众的安宁生活是靠美国对外称霸维系的

白，“9·11”对美国攻击的致命性以及美国以阿富汗战争和伊拉克战争还击的必然性。然而，大敌无形，偌大的美国，搞不定中东的恐怖分子，倍感“反恐疲劳”。美国当局说，美国军队在伊拉克可能要呆10年。因此，对美国想整治世界、摆平世界的担心本身就是在神话美国。

谁也没有想到，淹没美国神话的第一波巨浪是一阵名叫“卡特里娜”的超级飓风。

2005年8月，飓风袭击了美国密西西比州，美国南部的欧洲脐带——新奥尔良市全城被淹，瞬间变成现代庞贝。电视上的画面，无法让我想象那是我三年前桨声荡漾的新奥尔良——热情奔放的拉丁文化，青春活力的夜生活，如同到了法国。许多商店被抢掠、仓库一片狼藉。一篇报道这样描述当时的情景：

透过记者的镜头不断有被困灾民大声抗议，那些被困的灾民有色人种占绝大多数，其中多数是黑人，包括许多老人、孩子和妇女。其中一个镜头，在齐腰深的洪水中，一位黑人妇女抱着一个小孩艰难前行着，一辆美军装甲车从她旁边驶过，上面坐着几个全副武装，身穿防弹衣的美军士兵。城里150多万居民中约1/3的穷人没有逃生机会，很多人瞬间被洪水吞没。当无助的新奥尔良黑人居民被洪水困在家中，等待着联邦政府迟迟不到的救助，却发现自己已经被这个世界所抛弃时；当10天后人们在新奥尔良养老院里发现30多具孤寡老人的尸体时；当浮尸在灾难发生后十多天还在城里乱漂无人清理时，人们不仅禁问，这个号称有着世界上最完善的公众应急安全体系的国家怎么了？或者那本身就只是个神话，而一阵风轻易就把它吹破？①

面对灾情发生4天后，布什总统才到受灾最严重的新奥尔良视察，5天后才签署了紧急援助灾区法案。布什还表示，美国能够自救，并不会动用来自国外的救济款——布什的逞强，不止是个人性格使然，更是为了维护在国内外社会面前美国“仍然是个无所不能的强者形象”。

看来，维持美国的神话，美国人觉得很累。这场极为糟糕的救援行动可以说充分暴露了华盛顿在国力不逮的情况下，仍然在国际上强行推行其霸权所

注

①《从双子塔到新奥尔良 美国安全神话破灭》，《重庆晨报》2005年9月11日。

带来的恶果。世上本没有神话，人祸和天灾不过印证了这句话。人们于是感慨道。《华尔街日报》报道说，许多中国人曾对美国怀有玫瑰色的梦想，但这些梦想已经因一系列的事件而逐渐失去颜色，像1999年美国轰炸中国驻贝尔格莱德大使馆（虽然华盛顿声称那只是个意外），以及美国军队曝出虐俘丑闻。如今，美国政府对卡特里娜飓风灾难的笨拙反应再次吹散了这些人的美国梦。中国互联网的留言板上到处可见对卡特里娜飓风的留言和评论，其中许多留言也对美国政府提出了批评。有一条留言这样写道，飓风让我们看到了真实的美国，我们看到的是挣扎在死亡边缘的黑人、老人、妇女和儿童的悲惨境遇。我们无法相信这就是最强大、最富裕的美国。

其实，美丽与丑陋，向来是一枚铜板的两面。美国也不例外。美国神话的破灭，源于你心目中本不该有的美国神话。

自由女神像

第一篇

镜中美国：美国正在被神话？

真理的最大敌人往往并不是故意编造的谎言，而是长期流传的似是而非的神话。

—— 约翰·肯尼迪

The Mythed America 1

肯尼迪总统的这句话，我是用了一年的时间才深切体会到的。

去美国之前，在我的印象中，美国就像现代的唐·吉诃德，与虚无作斗争——可我怎么也不明白，强大美国的存在，却是建立在虚无之上。美国政治学家李普塞特在《美国例外论》（American Exceptionalism）一书中指出，美国是世界上唯一的建立在“信念”（creed）上的国家，这包括自由、平等、个人主义、平民主义和市场经济等一整套美国价值观。因此“成为一个美国人”不是出生的问题，而是对理念的承诺。①

这种唯心主义的理念是什么呢？有关美国的书告诉我，这种虚无就是美国的“天定命运观”。书中写道，以自己的思想和制度影响和改造世界是美国人一以贯之的“天命”，这甚至可以追溯到17世纪初年欧洲第一批清教移民来到北美荒原的那一刻。当时的一位领袖人物——牧师约翰·温思罗普(John Winthrop)是这样阐述即将建立的清教社会的重要性的：“我们将成为山巅之城，全世界人民的眼光都在注视着我们；因此，如果我们在实现这一事业的过程中辜负了我们的上帝，致使上帝不再像今天这样帮助我们，那么，我们终将只给人们留下一个故事并成为全世界的笑柄。”没有什么比这更好地表达出美国人的使命观。美国史学大家布尔斯廷认为，“为误入歧途的人照明的清教灯塔既不是一本书也不是一个理论，而是清教社会本身。美国值得告诉所有人的是：不是通过规则而是做出榜样，不是通过说什么而是展示如何生活。”②托马斯·潘恩在《常识》一书中也用激情的文笔写道，“啊！你们这些热爱人类的人，你们这些不但最反对暴政而且最反对暴君的人，请站到前边来！旧世界遍地盛行着压迫。自由到处遭到追逐。亚洲和非洲早就已经把她逐出，欧洲把她当做异己分子，而英国已经对她下了逐客令。啊！只有北美大陆，只剩下

注

① Seymour Martin Lipset. American Exceptionalism: A Double-Edged Sword (W.W.Norton & Company, New York, 1996), p.18.

② Daniel Boorstin, The Genius of American Politics, Chicago: University of Chicago Press, 1990.

这最后的一片土地，接待这个逃亡者，及时地为人类准备一个避难所吧！”[①]

美国现在是，而且一直是世界上最宗教化的国家。在美国，相信上帝、天堂、地狱和圣典的人超过任何其他民族。《圣经》(旧约和新约)是美国本质意义上的奠基文本，并列于1776年的奠基文本—— 宪法和独立宣言。

看来，美国的宗教情结很容易将美国的海外行为披上现实主义的外衣，而为世人所神话。

然而，“纸上得来终觉浅”。真实的美国又如何？当我的美国梦遭遇到中国梦的强烈碰撞时，我意识到，我的美国印象一直是折射来美国前的想象图景和中国情结。与此同时，美国人内心的美国与世界人的美国印象，差距如此巨大，这也是美国既令人着迷又遭人忌恨的缘故吧。“我的美国观——美国人的美国观——世界的美国观”之间的镜像差异与转换，折射了神话美国的认识论根源。

故事一　我有一个美国梦

美国人每每自豪地说，“我们是世界上第一个建立在一种理想之上的国家”。这种理想，对于美国的缔造者来说，就是“山巅之城”的宗教理念；对于移民美国的人来说，就是美国梦。

正是在股市崩溃之后和两次世界大战之间，在国家经受考验的时代，历史

注

① 托马斯·潘恩著，何实译：《常识》，华夏出版社2004年版，第58页。

学家詹姆斯·特拉斯洛·亚当斯（James Truslow Adams）据说是第一个使用这一说法的人。他在1931年写的一篇文章里提到了美国梦。在他眼里，美国梦是“每一个人的生活都应该越来越好，越来越丰富和充实，根据能力和成就，每个人都有机会的境界”。[①]总之，这个梦想就是对自由和机会的期待。

历史上，美国梦不过是一个偏重美国建国的“神话”，由于上帝或历史的庇护，使美国以一个模范进入这个世界；如今，美国梦已被美国人称作人类历史上所取得的成就中最强有力的理念之一。

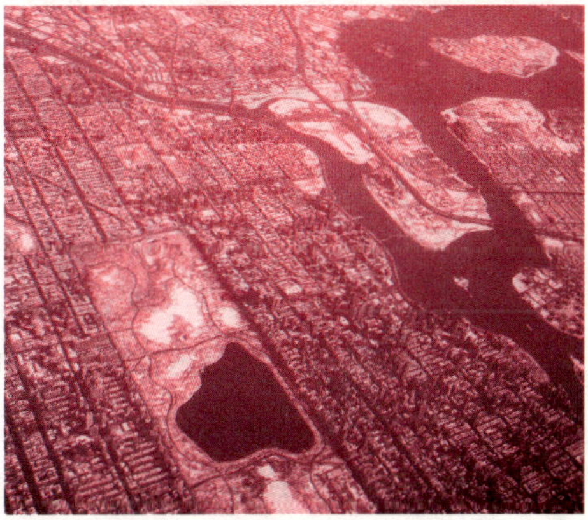

鸟瞰美国

带着自由女神像的召唤——“让那些疲惫、贫穷、拥作一团渴望自由呼吸的人们来到我的怀抱”，回响着惠特曼的诗句——“我听到美国在歌唱，谛听到各种各样的颂歌……”2000年8月31日，我第一次踏上了这块如梦的土地。

早在6月初被复旦大学选拔去耶鲁大学做一学年交换学生时，虽然离8月底启程还有三个月，我的内心就和美国一起跳动起来了。常常是含着镜中美国的图景入睡的，似乎提前进入美国梦的境地，也常常误了中国的钟点，心里还念叨着一句美国谚语 —— Your future depends on your dreams.So go to sleep（现在的梦想决定着你的将来，所以还是再睡一会儿吧）。

这不仅将是我第一次出国，也是第一次离开地面，乘飞机翱翔蓝天。

8月31日早从浦东机场出发，由于台风，航班推迟至10点半起飞，再次误了美国梦的钟点。到机场时，我已有国际意识。见到亚裔说中文，对方竟不懂。方

注

① 丹·拉瑟：《美国梦——我们国家秉性的故事》，《交流》2002年第2期。

知道现在就要用英语了。

飞机穿出云层，一幕奇异的景象出现了：地上阴雨绵绵，头顶上却是湛蓝的天空！远远地将乌云抛到脑后，真正做了回孙行者。在云雾间翻腾，太壮观了！上不着天，下不着地，仿佛置身于巨大的立体透明瓶中。白云浮绿水，银翅拨青波……

下午1点多（当地时间两点多）到东京。东京仿佛是个农庄，绿化得很好。当地时间3点半我们转乘一架更大的飞机去纽约，经过12小时的飞行终于到达大洋彼岸。此时天上的景色更是变幻莫测，早上一醒来，还以为是阿拉斯加——白雪皑皑。后来才知道是白云翻涌。天空中见日落，更添了几分惊奇——佛光万丈，莫非在梦境？

8月31日下午到纽约。一辈子头一遭过两次周四，两个8月31日。心想那天要是我生日就好了，可以过两次。

“又是一个J-1！”入海关时遇到的第一个美国工作人员是个黑人，看了我的护照签证这样嘟囔。接着问我学什么专业的，我告诉他是国际关系。于是，他同情地感慨——Ah，IR is very poor（唉，国际关系是个穷专业啊）！已经初步领会到不甘寂寞的美国人的性格。与中国海关默默无闻的工作人员不同，美国人的表情比较张扬、夸张。后来明白，海关聊天也是测试你英语水平，阻止非法移民入境的手段。

出关踏入美国国土，心想这就是美国，我得好好蹬它几脚！行李在转盘里转动，我的内心也在嘀咕——不怕拿错吗？耶鲁大学的志愿者来纽约肯尼迪机场接我们。一见面就提醒我们“去纽黑文的路上要花两个多小时，因此请各位先去趟Restroom。心想美国人也很好客呀，一下飞机就招待我们吃饭。但又担心天色将晚，在机场的Restaurant吃晚饭，恐怕到纽黑文时要夜里了。正在纳闷时，

对方伸手示意我把行李给他照看，我才明白是让我先去趟卫生间。这种英语的尴尬，伴随我多时。

到了纽黑文，的确天黑了。下了机场shuttle（公交），打车去宿舍。司机是孟加拉的移民，一上车就和我们聊天。我说“It is the first timc for me to America”（这是我第一次来美国）。他马上搭讪道，“For me，it is the last time!”（对我来说，恐怕是最后一次吧！）心想，美国人真幽默。再一想，莫非他是非法移民，不敢离开美国以免被遣返，还是他认为美国是其终结选择？现在还后悔当初没有问他个究竟——大概当时不好意思问吧。

接下来的日子更体会到“美国真他妈的好！”开始是欣喜其优越的自然与社会环境，后来越来越沉醉于作为人的尊严。在美国从学步幼子到银发老人，说得最多的就是“谢谢”和“对不起”。从相互开门让路这样的琐事，到不同种族之间不同职业之间的相互尊重，都体现出轻松和谐。

有一次我去7—11小卖店，一个满身又脏又臭的墨西哥人不小心出门时把怀中抱的东西撒落一地，恰巧一位白人女士进门，这位女士一直站在那儿撑着门，还不时低腰帮他捡东西。我经常约人去餐馆吃饭，这里没有人对餐馆的服务员吆三喝四，无论是新客人或是老主顾，大家都寒暄几句，有时还开开玩笑唠唠家常。实际上在美国你无论做什么、去哪里，大多数情况下你都可以得到做人最基本的尊重。

每次上公交车，司机总是礼貌地问好。坐在一起的乘客也主动聊天，乘机幽生活　默。陌生人见面，要么报以微笑，要么热情地打招呼，这与我从《政治经济学》中体会的资本主义人情冷漠相去甚远。一开始不熟悉，同宿舍的漂亮女生每次见面冲我微笑，我还特别不好意思，幸好了解美国风土人情及时，尚没有想入非非……

在美国，男士要随时给女士开门——美国的大门一般也特沉，推开还得费点劲。其实，走在前面的女士和长者也会习惯地看看有无后来者，把门撑着等一会儿。在耶鲁校园，保罗·肯尼迪就曾多次为我开门。

在图书馆等公共场所，常常可以看到这种情形：管理员在接电话，我向她问讯，她马上放下电话先回答我的问题。我示意她听完电话再说，她却答复说，"电话可以待会儿再打，眼前人的要求最要紧！"也许你说这是公事公办。的确如此，在美国经常听人说，我不能这样做，因为它违背了我的原则。这种原则出于那种约束也好，源自于宗教也罢，或多或少都是对人的一种约束。中国人觉得老美有时太傻；中国人有时灵活得叫你目瞪口呆。明明街上空无一车，但遇到红灯，老美还是停下脚步等灯变绿。

也许在许多国人的眼里，西方社会道德败坏，性开放，不孝敬老人……可事实好像不是如此。我的一位朋友的房子卖给了一个美国人，这位女士把自己公寓卖掉，买下我朋友的房子，就是想和她八十几岁的老母亲一起住有个照应。美国人在计划结婚之前，是有些随便。但一旦结婚，就非常清楚自己的责任。家庭便摆在首位，工作也是次要。很少结了婚的人还会经常去泡吧。和欧洲一些国家相比，美国的电视也非常干净，连骂人的脏话都被删掉。美国大部分州都禁娼，所有与色情有关的场所都必须在指定的位置，要远离教会、学校。即便如此，这些场所还是常遭受一些周边居民的抗议。

……

我来到美国的第一个梦想，就是想把这种人性化的社会环境介绍回国内。这种冲动伴随着我的整个美国行程。尤其是回国后一对比差距，这种冲动就更强烈了。我去"可的"超市购物，多次出现这样的尴尬局面：售货员找钱时把的一大把硬币扔在桌子上，有的还抛在了地上。于是我只好屈身去捡，并很不高兴地对售货员讲："下次请你把零钱找在我手里！"对方不耐烦地答道："没看到我都忙不过来吗？！"等我耐心地与其据理力争时，往往是吵架的开始。回忆起在美国，很少有人不把零钱找在你手心里的（十指连心呀）；车子也很少不让人的——车子让人从学驾驶的第一堂课开始就成为驾车者要牢固树立的观念。于是我时常有所抱怨。

其结果，常常听到如此言论——“抱怨国内这个不好那个不好。有本事你移民去美国！”现在意识到，我去美国，因为我爱美国；我去美国，因为我更爱中国。我的美国梦，其实就是中国梦。

可万万没想到如梦的美国竟遭人暗算，成为仇恨的对象。原来美国一直被神话了，而神话总是要破灭的。

故事二 为什么美国既令人着迷又遭人嫉恨？

2000年11月9日，纽约世贸中心107层顶，曼哈顿的高楼大厦尽收眼底、姊妹楼的雄风震撼心灵，真有种攀登资本主义文明高峰的感觉。在看完《纽约：永不沉睡的城市》电影短片后，一览无余的纽约街景至今仍历历在目。怎么也没想到，当初还嫌13美元门票贵呢，一年后它竟灰飞烟灭，人去楼亦去！

这一切是如何发生的呢？就“9·11”事件爆发的原因来说，人们通常注意到其国际背景，更有甚者幸灾乐祸地宣称这是对美国到处插手世界事务、四面树敌，尤其是在中东偏袒以色列的报应；也有从美国的情报系统、航空安全系统等分析的，而往往忽视了美国是一个高度开放社会(open society)的事实。

去联合国参观，让我真正体会到美国社会的大大咧咧。进去颇费工夫，因为要排队安检。看我们等得不耐烦，警察还用中文和我们聊天，这也让人感受到中文作为联合国五种工作语言之一的好处。可是当我们出来后，同伴告诉我漏掉了里面一个重要景点——我心想，没看到多可惜，枉来了一趟；再排队进去呢，又费时间，也不好意思让同行的人等。正在犹豫时，忽然想到出口似乎没有人把门。于是竟大摇大摆地从后门再溜了进去！现在想来，如果我是恐怖分子，联合国不就遭殃了嘛。

由于美国是一个高度国际化的开放社会，这一方面就为恐怖活动的产生提供了可能——因为美国安全情报系统过于依赖高科技，在国家层面相信权力制衡，但社会层面却是倾向于信任人，因此犯罪分子经常可以利用美国社会制度的弱点达到自己的目的。这样，恐怖主义成为开放社会的又一敌人。从这个角度讲，恐怖袭击，防不胜防，看来美国难以超越自由与安全的内在悖论。

自由女神像你要防弹衣吗？

结束联合国的行程一行人去参观自由女神像。那可是全世界最吸引游客的景点之一啊，不仅是举世闻名的纪念性艺术建筑物，同时也被认为是美国人民争取独立自由的象征与标志，还象征着美国给予远道航海而来的人们以自由和机会。

神像基座上的刻词写道——

Give me your tired, your poor,
Your huddled masses yearning to
breathe free,
the wretched refuse of your teeming
shore.
Send these, the homeless, tempest-
tossed to me,
I lift my lamp beside the golden door!

翻成中文就是：

欢迎你们：
那些疲惫的人、穷困的人，
蜷缩在一起渴望自由呼吸的人，
在你们富饶的岸边遭到不幸遗弃的人，
把这些无家可归、流离颠沛的人交给我，
我在金色的大门口高举着明灯。

“9·11”后，人们却要为如此神圣的美国标志捏把汗——自由女神像，你要防弹衣吗？因为不断有传闻说恐怖分子要炸毁自由女神像。更一般地，人们不禁要问——为什么美国既令人着迷又遭人痛恨？

刚到美国时，有两件事情让我这个国际关系专业的学生特别吃惊：其一是除了阿以间的暴力冲突，电视节目很少有国际新闻。这和我的想象大相径庭——美国不是超级大国吗，应该一天到晚关心世界才对呀？其二是我非常兴奋地陶醉于美国的自然、人文环境，时时念叨美国的好。有个哥们儿对我泼冷水道：“说美国怎么好，没有什么稀奇；说美国怎么坏，才算真正地了解美国！”半年以后，交税的烦琐和丢失钥匙的烦恼，让我开始抱怨起美国，也算开始真正地了解美国了。

美国对世界的无知、麻木和遭人嫉恨，终于酿成了“9·11”悲剧。美国从令无数人向往的天堂变成“舍得一身剐，敢把美国拉下马”的对象。其间转变对自恃优越而傲慢的美国人无疑是当头一棒。“9·11”事件发生不久，《纽约时报》以大幅标题引发了美国人的反思——Why they hate us?（为什么他们仇恨我们？）

托克维尔一百多年前就指出，美国人习惯于“生活在一种长期孤芳自赏的状态……只有陌生人或者经历过能够带来一些真实的东西，才能引起美国人民的注意”。如果没有“9·11”事件，美国人不知还要等多久才能从这种例外主义与优越感中清醒过来。

“9·11”事件后，美国的确变了，变得越来越不那么可爱了！再去美国，尚未入境，烦琐而非人性的机场安检就让人反感——不是非去不可就不要再去美国！

究其原因，还是美国与世界的关系——无知、天真与傲慢——惹的祸。

据说，只有55%的美国人知道太阳是一个星体。据统计，70%的美国议员没有护照，普通美国人出门旅游还是在自己的国家内，他们对外部世界的了解主要靠新闻媒体，而报纸上80%左右是美国当地新闻，大多数美国人只读地方报纸而非全国性大报，因此目前大部分美国人仍然沉醉在“我们不是最完善的，但是世界上最好的”这样一种感觉中。对于世界的变化，不说漠然无知，也是知之甚少的。

不仅如此，美国人看世界是内外有别的，描述自己的是一套动听的词汇，对反对自己的则贬为另类。比如，美国对伊拉克的“政权更迭”（regime change），其中的“政权”一词用的是“regime”，而自己或同类向来用“administration”。

美国人的无知、天真与傲慢让世界各国，包括美国盟国、友邦、敌国在内的人委实惊诧。我个人的经历充分印证了这一点。听说北京赢得奥运会举办权，一位美国同学跟我讲，“原来北京是中国的首都呀！”

美国人不仅不了解外部世界，更可怕的是，也不了解美国在世界上的作为；就算有所耳闻，也是以另一套逻辑阐释。美国人马克·赫兹加德在《鹰的阴影》一书中写到，美国真可谓是“健忘的帝国”。尽管美国当年在日本扔下原子弹，在越南、拉丁美洲等地屠杀过无数平民百姓，但是“美国主要的演说家从来就没有将美国自己作为恐怖主义的罪犯，只有那些对美国发动了军事行动的人与美国的死敌才被定义为恐怖主义分子”。

这样，美国人对外部世界的无知和天真很容易被政府和舆论利用。伊拉克战争前夕，我赴美开会，只见广播电视报道的都是美国应如何替天行道、消除对世界的威胁；萨达姆不幸就在这种鼓噪中被描绘为迫在眉睫的威胁。

由于美国完全按照自己的视角看世界，按照自己的意愿塑造世界，因此美国人的反思向来是不彻底的。“9・11”事件之所以发生，美国人更倾向于认为恐怖分子是被“邪恶政权”的领导人蒙蔽、利用而盲目仇视美国，因而“反恐”就要改变这些“邪恶政权”，同时向这些国家被蒙蔽的人们传播真理，加大对中东地区和阿拉伯世界的公共外交。

总之，美国人宁可否定世界也不会否定自己，他们具有浓重的自恋情结。美国是一个例外的国家。在美国的历史中，始终贯穿着一种“救世主精神”和“自命不凡的使命感”。这与大多数美国人信仰基督教有关，他们认为自己是“上帝的选民”，有着“天定命运”，要教化全世界。在美国人看来，美国人是上帝所选中的人民，有权获得特殊的权利和义务。在过去，他们出征世界的时候是在“为上帝而战”。今天，他们强调的是要担负领导并帮助保卫世界各自由国家的责任。这就是他们的“天定命运”。综观美国的历史，人们可以清楚地看

到：这种原初的信仰，是美国国际行为的道德感召。

然而，美国人并非不食人间烟火的神圣。美国人的饮食习惯，并没有特别的例外论色彩，而如此联想，则会闹出神话美国的笑话。

故事三　美国人为什么不爱吃猪肝？

在美国生活期间，我经常买动物内脏吃，非常便宜。一天去超市时巧遇同胞，听说我是专门研究美国的，便问我，“美国人为什么不爱吃内脏？难怪鸡胗什么的非常便宜。”我分析到，这个问题嘛，可能与他们的宗教信仰有关，（基督教认为这是不洁之物？）与国际贸易有关（这些食品从哪里进口的呀），或者还与他们政府政策有关（鼓励消费、政府补贴）？旁边一位哈哈大笑道，“哪有这么复杂！原因很简单，美国人宰杀的方式与中国不同，用的是电击，故瘀血集于内脏，不好吃罢了！”羞得我再不敢说是研究美国的，再也不觉得美国内脏好吃了。

自此之后，一个简单的念头一直浮现在我脑海里——美国被神话了！

回国以后发现，看待美国，国人有过之而无不及。分析美国，的确常常把简单的事情复杂化，以我们的理智分析美国的情感，就像我们的外交以我们整个社会对付美国政府一个部门那样。在这种氛围下，我也不知不觉成为“战略家”。

联系当今世界，美国为什么要打伊拉克？世人异口同声地说“为了石油！”颇有点“司马昭之心，路人皆知”的味道。伊战前报刊充斥了对美国打石油牌的分析，纷纷认定美国对伊动武与美国石油利益和维护其“唯一超级大国”地位等战略目标有关，我也不幸加入了这一阵营。什么操纵石油价格，摧垮欧佩克、俄罗斯甚至欧元乃至制约中国啦等等，认定法国、德国、俄罗斯也都是伊拉克石油市场的既得利益者，为瓜分后萨达姆时代伊拉克石油蛋糕而与美国在联合国安理会斗法；而美国民众和布什政府却声称是为了安全——解除萨达姆的大规模杀伤性武器、减少国际恐怖主义威胁、推进伊拉克和周围地区的民主，才能真正实现中东和平和美国的长治久安——欧洲与美国的分歧其实更多集中在对安全实现的目标与手段的争执上。美国和世界就同一事情的认识为何如此大相径庭？

伊拉克战争前夕我又回到美国，对美国的认识才有所“还原”，明白自己也在杜撰美国的神话，终于意识到这一切都是由于海湾地区牵动着石油与阿以冲突这两根世界神经的过。简单地思考就会发现，“为石油而战”是站不住脚的。美国对石油的需求完全可以通过世界石油市场获得，大可不必冒天下之大不韪，劳师远征。如果真是为了石油去推翻萨达姆政权，老布什在第一次海湾战争时就可以办到这一点，为什么他会放弃到手的机会而待其儿子去实现呢？

美联储前主席格林斯潘在退休后撰写的回忆录中透露，美国确实主要为石油而发动伊拉克战争，但是美国政府不便承认。作为伊拉克战争期间美国经济的主要决策者之一，格老当然知道石油与美国经济的关联。作为世界性大国，美国的利益遍布全球。在委内瑞拉政变后，沙特又被指责滋生了恐怖主义的土壤，美国的确希望通过征服伊拉克作为新的主要石油供给国，美国鹰派的确有一整套改造中东的计划。但很难说美国的每项举措都一揽子包含其在中东地区要实现的所有战略目标。所谓“倒萨”之后，美国接下来的目标将是叙利亚、

下一步征服的是世界的哪个角落？

伊朗、朝鲜等，最后矛头直指中国——似乎美国要征服世界，从此踏上帝国不归路——便是在编织单极世界的神话。

但实际情况是，美国处于害怕第二次“9·11”袭击的心理状态——正如2002年诺贝尔经济学奖得主之一丹尼尔·卡尼曼理论所揭示的，人们怕失去的顾虑更甚于得到的心理满足——美国公众“害怕下一只靴子掉下来”的脆弱心理使他们更容易支持华盛顿任何“促进本土安全”的提议，不管这个提议在外部世界看起来多么没有道理。这说明，作为开放社会的美国，“9·11”后的所作所为已经偏离其正常轨道，更容易被世人神话。

正是因为美国被神话了，因此，国人的美国观常常是“镜中的美国”。我也是带着“镜中的美国”踏上美国本土的。“镜中的美国”有两层意思，一是想象的美国——美国梦；另一个是折射的美国——中国人从美国想象自己！

镜中的美国是模糊的，正如寒冷季节的镜面。我哈了一口热气，才逐步看到它清晰的面目……

第二篇

呼吸美国：美国如何被神话？

If it' s good for America, it' s good for the world.（凡是有利于美国的，必将有利于世界。）

——美国谚语

The Mythed America 2

常常听人说，“由于不了解而走到一起，由于了解而分手”。中国人的美国观也有类似的逻辑：向往美国、爱上美国是很容易的事情，从小就听说美国的原意是“美丽的国度”；但是从国内层面说美国如何如何不好，乃至“恨”上美国，没有切实的体会是难以做到的。也直到现在人们才认识到，“中国人所谓的‘美国’，仅仅是对‘美利坚合众国’（the United States of America）的简称，并不含有‘美丽的国家’（Beautiful Country）之意”。[①]

让你欢喜让你忧的美国，被我们有意和无意中神话，也被美国人自己神话，从而总是笼罩着一层层神秘的面纱，难以窥视其真实的身份。

美国被我们神话，很大程度上基于我们内心的百年国耻情结，以至于我们睁眼看世界时，不同程度地总有一种崇洋媚外、崇美媚美的冲动。历史学家茅海建在《天朝的崩溃——鸦片战争再研究》一书中痛陈：“中国的现代化一日未完成，鸦片战争的意义就一分不减。生活在这一尚未现代化区域的人们，体会现实，探索问

注

① 杨玉圣：《中国人的美国观：一个历史的考察》，复旦大学出版社1996年版，第2页注②。

题，免不了联系到那次灾难性的战争。屈辱、仇恨、自卑、希望……种种情感交织，民族感情油然而生。……它本身就不是一个让中国人轻松的问题。”①

美国被自己神话，跟美国人夸张的表达也有关联。文化传媒专家何群指出，美国大众文化在全球已经构成了一种“神话”，形成了一道醒目的“文化帝国主义”景观，也在神话我们的美国观念：

在世界电影市场上横扫一切的好莱坞电影，表面上来看，是关于人类一系列普遍价值观念的倾情诉求，但掩盖在表层语义之下的，是其一整套关于美国神话的完整叙述。我们很难忘记，当年以约翰·福特为首的大导演，通过对傲立于西部荒野的牛仔形象的塑造，把西部片提高到A级片的档位，从而形成了绵延不绝的美国历史和英雄的神话；而以弗兰克·卡普拉的《一夜风流》为开端的闹剧片系列，则通过一对来自不同社会阶层的魅力四射的恋人的爱情叙述，将美国电影从地密尔的古典浮华转向对美国普通人生活的叙述，从而开始为公众编织关于美国民主国家的梦想；歌舞片《雨中曲》、《出水芙蓉》及著名童星邓波儿主演的诸多影片里的那些金童玉女，和美轮美奂的盛大歌舞场面组合在一起，把美国描述成了一个歌舞升平、浪漫迷人的乌托邦式的梦幻世界；《外星人》、《独立日》等科幻片里那种以千篇一律的美国英雄拯救人类于危难的主题叙述，更是对美国的大国意识形态和沙文主义的神话隐喻；生活伦理片《克莱默夫妇》、《为戴茜小姐开车》等，通过对平民英雄的情感的挖掘和对其渴望的满足，对美国社会的现实矛盾进行了缝合，从而将美国人民的生活

好莱坞如何神话美国？

注

① 茅海建：《天朝的崩溃——鸦片战争再研究》自序，三联书店1995年版。

完全理想化了；还有强盗片、黑帮片《小恺撒》、《教父》中渲染的那种由对个人主义和法律秩序的双重承认所导致的美国式的英雄主义等等。这些美国大众文本的存在，显然无一不在证明，好莱坞的确营造了一个富有民族主义色彩的“美国神话”的梦幻世界。美国大众文化所缔造的“美国”神话，随着其在全球文化市场上的反复上演、经久熏陶，势必会在许多国家的大众心目中，不同程度地形成对于美国文化标准与价值观念的认同与沉迷。媒体曾报道过一则新闻，说的是在美军炮火下，一个巴格达青年流连于街头音像店中，目的只是为了买到一张最新好莱坞电影的碟片。这则新闻中的青年，显然就是全球许许多多深受美国大众文化影响、进而沉醉其“神话”世界的“美国迷”中的一个。①

这样说来，创造美国神话的有其客观基础，也有主观原因。美国外在的芳香，呼吸便能体味；美国内在的心跳，却只有触摸才能感受。

呼吸美国，不见得一下子就能体会到美国自诩的自由，却少了许多中国人的拘谨。这是不争的事实。小时候家人的教导——不要吃陌生人给的东西，在美国似乎不灵了。耶鲁大学，西点军校，这些制造美国神话的神圣殿堂，的确在称颂着人的个性和美国的国家性。

刚到美国时，最容易为1∶8困扰（当时美元与人民币的汇率）——在美国每花1元钱，就相对于国内的8元——而且明明是8元，付账时还要加上6%左右的税，总是与零钱打交道。在国内尚且节俭的我，到了美国更像苦行僧一样，整天与分角钱周旋。于是就有朋友看出我的心思，告诉我，美国的饭菜一般，但午餐特别香，因为常常是免费的……

注

① 何群：“‘美国’神话：霸权与抵抗”，《中华读书报》2005年3月23日。

故事一　在美国吃免费午餐

美国有句谚语，“天底下没有免费的午餐！”现在也成为我们的口头禅。其实，此话并不当真。在美国，常常能吃到免费的午餐，不要说各种学术沙龙和研讨会上，就算是演讲及各种公众场合，也常常为节约时间和方便众人，提供各种三明治和软饮料，不时还有苹果、提子等水果。我笃信美国的一句谚语——An Apple A Day Keeps The Doctor Away（一天一苹果，医生远离我），因此，不仅常常有免费午餐享用，而且还在驱赶医生。对方并不问你从哪里来，也不管你操什么口音，是否为美国人。的确，判断你是否为美国人是很困难的，只会说西班牙语的人也许就是美国人——根据2003年美国进行的一份全国性鉴定考试结果，美国每20个成人当中就有一人不谙英文，也就是说，有1100万个美国人是英文文盲；在纽约街头常常能听到中国几乎任何一种方言。是否为美国公民不重要，重要的是有社会安全号（Social Security Number），然后就可以申请信用卡了。

当然，我一开始还有些拘谨，总怕给人蹭饭吃的感觉而遭遇在国内被人盘问“哪个单位的”这般尴尬。后来发现美国作为开放社会，其殷实的社会基础和国民开放自信的性格，加上学术自由和广告意识推动，免费的午餐是鼓励人享用的。但是久而久之，人们也就为这种制度和制度外的附加产品——价值观念所征服，潜移默化地受到所安排活动的

影响。许许多多“亲美派”不就是在这种过程对美国的认同吗？现在想来，免费午餐有点类的糖衣炮弹呀；美国在领导世界，免费午餐不就是它提供给世人的公共产品吗？

美国人的确从小就具备这种领导意识。艾米是一名二年级的大学生，每次外出集体活动前，她都发信给我们，约好如何出发，提醒注意事项，可是并没有人让她这么做。返回的时候，她又向我们建议凑钱给导游买礼物。我们都很乐意响应她的号召——她也就自然地从志愿者变成了事实上的领导者。常常看到校园里贴满了各种公益活动的广告，大多是美国学生组织的。看来，国家成为世界领导，得有具备领导意识的国民才行。想来我们常常抱怨美国在国际上很霸道，但是美国人却觉得这是冤枉美国——大概他们认为美国发挥领导作用是自然的吧。基辛格也曾说过，世人总是骂美国在扮演世界警察的角色，可是，世界需不需要热心肠呢？

美国人的领导意识从精英层面讲，源于美国的天定命运观，即作为“上帝的选民”，他们对全世界都负有责任——无政府状态的国际社会客观上也需要强者领导，而且要从自己做起，身体力行，比如在世界各地领养孤儿。这种美国理想是美国众多精英人物的精神动力；就普通民众讲，与美国作为移民国家的国家属性密切相关。由于最初的美国移民来自欧洲，而为了追求、塑造和显示美国的国家身份，在美国弱小时，美国与欧洲始终保持若即若离的关系：既关注欧洲的一举一动，欧洲就像美国的亲戚；又担心欧洲的纠纷会伤及自身，欧洲就像美国的继父。及至美国大量接纳来自欧洲以外的移民，美国社会组成更加多元化。这些来自世界各地的新移民与老家有着千丝万缕的联系，成为美国与世界割不断的脐带。由于他们的关注和对美国当局的游说，推动了美国对世界事务的关注。这很大程度上解释了美国每年发表《世界人权状况报告》等

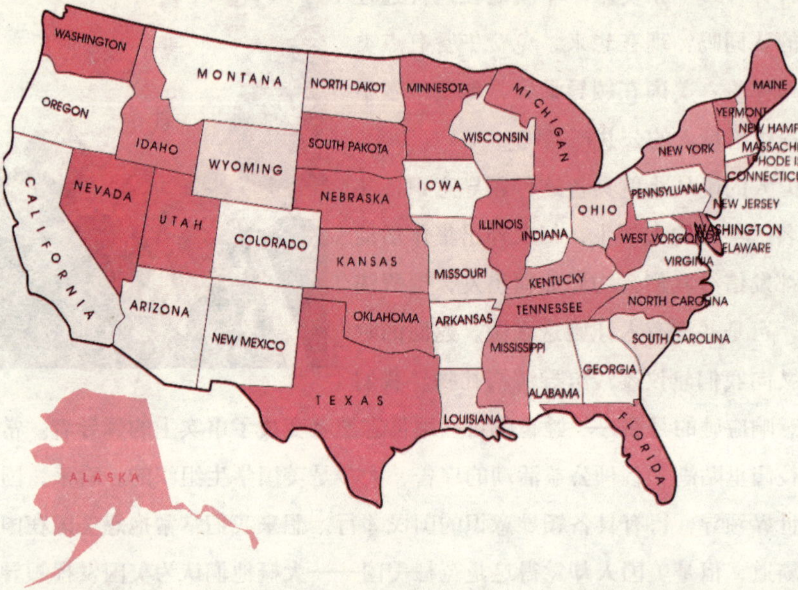

霸权行为的起源——这首先是做给国内人看的，以此凝结美国社会，塑造美国认同；与此同时，美国的利益，尤其是商业利益，后来是能源进口，越来越国际化，客观上也导致美国政府对外部事务的关注。通过1898年美西战争，美国崛起为世界强国，经两次世界大战的国际格局转换，美国一跃成为世界超级大国，开拓边疆的天定命运观也日益呈现出国际内涵，成为美国人世界领导意识的重要源泉。冷战结束后，美国打遍天下无敌手，更是助长了美国人“领导世界，舍我其谁”的傲慢心态。

美国源于世界，却要去领导世界，但这是有条件的。美国得天独厚的自然条件、成熟的社会制度、具有领导意识的国民，是美国发挥领导作用的三大基础。

中国学者任东来曾就美国的立国之本和强国之道总结为：美国强大的奥秘，是多方面综合因素促成的，甚至存在一些偶然因素，比如华盛顿的个人品德避免了终身总统的出现，又如法国军队镇压海地黑人起义的失败导致拿破仑临时做出出售路易斯安那的决定，使美国捡了一个大便宜，国土立马翻了两倍多，为两洋大国开辟了道路，等等。但是，美国宪政体制的建立和巩固，市场潜力的充分发挥，源源不断的人才移入，无疑是其中最重要的结构性和制度性因素。①

托克维尔在《论美国的民主》中更早就谈到："有助于美国维护民主制度的原因有三：自然环境、法制和民情"，"按贡献对它们分级…… 自然环境不如法制，而法制又不如民情"。自然环境是一种物质资本，法制是一种社会资本，民情则是人力资本。托克维尔说："美国的联邦宪法，好像能工巧匠创造的一件只能使发明人成名发财，而落到他人之手就变成一无用处的美丽艺术品。"墨西哥照搬美国宪法，并未使墨西哥富强，原因就在于"缺乏民主的民情"。②

创造美国神话的首先是美国优越的自然环境。从地图上看，美国两面靠洋——大西洋和太平洋成为其天然屏障，同时也是联系美国与欧洲大陆和亚洲大陆的天然渠道，这使得美国长期以来安心与加拿大、墨西哥弱邻为友，完全无后顾之忧，醉心于向海洋外的大陆拓展其影响。

的确，两个大洋夹着一个大陆，地大物博，得天独厚。凡是在美国生活过的外国人，一经和原住地比较，很少人不为这片土地的辽阔与肥沃而感叹。160多年前，法国人托克维尔曾经这样评价美国的外貌：

> 陆地和水系，山岳和河谷，都布置得井井有条。在这种简单而壮观的安排中，既有景物的杂陈，又有景色的多变……那些十分适于经商和开工厂的海岸，那些深水河流，那个用之不竭的密西西比河大河谷，总之，整个这片大陆，当时好像是为一个伟大民族准备的空摇篮。③

托氏当时就预示了美国要成为世界强权。

今天，美国既是亚太国家又是西方的领头羊，地理位置的优越性为此作了

注

① 任东来：《美国的立国之本和强国之道》，《博览群书》2005年4月7日。
② 【法】托克维尔著，董果良译：《论美国的民主》上卷，商务印书馆1996年版，第358页。
③ 同上书，第20、29页。

注脚。美国的两块远离本土的“飞地”——北美西北部的阿拉斯加州和太平洋北部的夏威夷州，是美国从陆地和海洋两个角度威慑地球的重要据点。

据美国地理概况介绍：

美国广大土地上包含各种自然景观。从佛罗里达温暖的海滩到阿拉斯加寒冷的北国地带；从中西部平坦广阔的大草原到终年为冰雪覆盖的洛基山脉，其中尤其享誉全球的是壮观的大峡谷、伟大的密西西比河，及声如雷鸣的尼亚加拉大瀑布。这个广大而美丽的国家境内蕴藏着丰富的资源。美国拥有许多堪称世界最佳的土地。不但水源充沛，并且蕴藏珍贵的矿藏，包括煤、铜、铁、天然气以及石油。 300年前的美国还只是一块广大无垠的荒原。欧洲人民在这块广大但却荒凉之至的土地上，看到开创新生活的机会与运气：成千上万的移民来自不同的国家，带来不同的技巧与观念。

驱车从新罕布什尔州到佛罗里达，到处是郁郁葱葱的森林。西部更是这样。加州是美国人口第一州，每当我们从洛杉矶驱车外出，南到圣迭戈，北到旧金山，随处可见一望无际的牧场、果园、空旷的原野，人却很少。至于其他的州，尤其是北部、中西部、南部，有的同学开车旅行，几天都在森林或旷野中穿行，除了加油站和汽车旅馆，很少见到人烟。加州海域富藏石油，可里根当州长时签署命令，不准开发。美国北部森林资源极其丰富，也立法不准开采，很多纸张和造纸用木浆都是进口。克林顿卸任前又把很多森林列为保护区，说要把资源留给子孙后代。美国自己有资源，捧着金饭碗却向别国要饭吃，进口人家的资源，是很有长远打算和战略眼光的。

从最初的移民时代开始，这一块广大而富庶的土地就不断对美国的一代一代新人提出新的挑战。在思想与行动上代代子民都勇于面对挑战，也因而造就国家的进步。当高山挡住去路，美国人就绕道或穿凿高山，建造公路和铁路。洪水威胁时，美国人建造水坝与堤防遏阻水势；在干旱地区，美国人建造伟大的灌溉系统。为了驰骋于广大的田野中，美国人更开创了庞大的运输系统以及通讯系统。

美国一直在不断地改变与发展之中。大城市的高度与范围面积同时拓展。国内忙碌的工厂生产出精良的货品，美国各处农场的产量在全世界中更是首屈一指。艺术与科学活动在这片广大的土地上也相当兴盛。美国式的生活产生了格什温的音乐、马克·温与辛克莱·路易士的文学，以及怀特的建筑学。美国制造了原子能、电话、热狗、沙克疫苗，第一位踏上月球的也是美国人……

美国的确有其自豪的资本，其自然资源得天独厚，乃是美国经济发达、人民富裕的根本条件之一。密西西比等大河供应非常丰富的淡水，它为美国早期农业的旺盛和以后工业的发达奠定了基础。美国大陆气候温和，土壤肥沃，其疆域的47%都适合农业发展。陆地的1/3是森林，其中2.25亿英亩定为国家森林，是野生动物的保护区和人民的消遣地。丰富的木材使美国的民房建筑大都由木材构成。美国还有丰富的煤、铁、石油、锌、铜、银等矿藏，蕴藏之富足居世界前列。①

总体感觉是，美国的自然条件是藏富于地，社会政策是藏富于民。当然，习惯于过富裕生活的美国人也养成了奢侈的习惯，常常看到打印一行字也用一

注

① 以上关于美国地理情况的论述，参见http://www.rightglobal.com/sales/details.jsp?recid=72。

页纸，打错了撕掉重打。

正因为如此，美国人形成了“万物皆备于我”的意识和莫名其妙的优越感。无所不有的美国，由于其奢侈的生活习惯，却唯独为石油和天然气的相对匮乏而发愁，石油在美国的总体能源结构中所占的比例高达40%。于是，石油成为理解美国对外战略的重要线索。美国在中东、中亚等地区的驻军，很大程度上就是确保美国的石油利益和从能源角度遏制竞争对手。这也难怪，世界上超过五分之一的能源为美国人所消费。美国平均每天要消耗掉2000万桶石油，约占世界总需求量的近1／4，其中60%的石油消费依赖进口，沙特阿拉伯、墨西哥、加拿大、委内瑞拉、尼日利亚是美国的前五大供油国。这就不难理解伊拉克战争的原因了：由于“9•11”事件的19名策划者中有15名来自沙特，本•拉登也是沙特人，委内瑞拉由于敌视美国的查韦斯上台，使得美国急于寻找用以替代的石油进口大国，由于入侵科威特而陷孤立然而石油储备仅次于沙特的伊拉克，因此为美国当局所看中，于是成为美国新保守主义倡导的政权更迭的牺牲品。

对此，美国人也直言不讳。美国专栏作家詹姆斯•平可顿(James P. Pinkerton)在《美国保守主义》杂志2005年11月号发表文章指出——

霸权的野心在我们的日常思维中埋藏得如此之深，以至于把不正常的事情也看成正常。例如，将别人的国家置于自己的军事司令部的辖区，这是不正常的。但五角大楼却偏要这么做。世界的其他地区，五角大楼称之为“行(ROW)”——被分成美军的五个战区司令部的辖区：欧（洲）非（洲）司令部，中东司令部，南美（洲）司令部，北美（洲）司令部。①

第五个就是亚（洲）—太（平洋）司令部，简称PACOM。这种划分并不是秘密，地球上是任何居民——包括中华人民共和国的13亿人中的任何一个人——如果好奇想知道在美国的世界军事地图上自己国家属于哪里，看一下五

注

① 非洲司令部已经从欧非司令部中独立出来，将单独组建为第六个司令部。

角大楼网站就知道了。 对于很少关心军界事务的美国人来说，事情大概历来就是如此，美国司令部系统代表的不过是美国的一点永久的野心罢了。正如历史上的罗马人也曾无法想象自己不能在世界上肆意驰骋！他们同样将地中海直称为“咱们的海（Mare Nostrum）”——今天的美国人也异想天开地认为世界上的每个生活元素都需要美国来监管，现在和永远都是如此。

那些居住在华盛顿的人们听过许多从某个战争演习归来的军事人员随意的谈话——演习中他们模拟美国军人保卫或解放世界上某个海湾、海峡或海岬。为什么？因为所有这一切都关系到我们的国家安全。

从左翼的索罗斯到中间派的克林顿，到右翼的布什，都认为美国将管理世界60亿人——他们的政治、贸易区、人权表现及幼鲸的保护。能不这样吗？按照克林顿第二任政府时期的国务卿奥尔布赖特的恢弘构想，美国是世界上“不可缺少的国家”。布什更是强调美国的使命就是塑造自由的世纪。

如果说自然条件和政治基础为美国的强大提供了骨架，而人文环境和创新精神则为美国神话镶嵌了金边。我的耶鲁大学印象充分证实了这一点。

故事二　我爷爷的舅舅也毕业于耶鲁！

有一种习惯似乎已为复旦人所认可，那就是倾向于将耶鲁与复旦相提并论；在耶鲁时每每介绍自己，我也常常声称来自于“中国的耶鲁”，以让对方对复旦的学术地位有个概念。其实，这种比较只是一种无奈。

耶鲁大学：三百年的辉煌

耶鲁大学素以人文社会科学教学与研究见长，这一点与复旦类似；但就耶鲁的历史及其在美国人心目中的地位而言，复旦委实难以望其项背。

耶鲁大学创建于1701年。三个世纪前，由于对哈佛招收非清教徒不满，一群哈佛人另立山头，创建了耶鲁大学（后来耶鲁人又创建了普林斯顿大学和哥伦比亚大学）。可见耶鲁一开始就是保守派的摇篮，这也播下了哈佛－耶鲁之争的种子。至今耶鲁与哈佛的关系仍颇为微妙。记得刚到美国的第二天去耶鲁地区与国际研究中心报到时，我们项目的协调员卡特先生介绍有关情况，说起耶鲁图书馆等各项排名，总是称“它是全美高校中第二大的，但我们从不提哪家第一”。我们都相视一笑。

耶鲁的保守体现在其重“道”轻“器”上。耶鲁至今对创造“硅谷奇迹”的斯坦福大学嗤之以鼻，即是明证。其宗教、艺术、文学、历史专业在全美都是首屈一指的，法学之盛名则是后来的事。故而耶鲁人更自豪于培养出总统而非诺贝尔奖获得者。最近18年的美国总统均毕业于耶鲁。[①]希拉里被看好作为下一届民主党总统候选人；如果她仕途风顺，这一势头说不定还会延续下去。2000年底，当大选结果尚未正式公布时，《耶鲁日报》便迫不及待地、自豪地宣称：“小布什，68届耶鲁毕业生成为白宫新主人。”

早在2000年10月份，耶鲁就揭开了为期一年的庆祝建校三百周年活动的序幕，至2001年5月毕业典礼的举办，庆祝活动迎来了高潮。5月19日毕业庆典日(Class Day)[②]，前第一夫人希拉里参议员出席并发表演说；第二天，现任总统布什参加了在希拉里发表演说的同一地方——Old Campus（“老校园”）举行的毕业典礼，并在一片反对、讥讽声中被授予法学博士学位；而此前不久，老布什也大驾光临。我开玩笑地说，“就在我即将离开耶鲁时，我见到了美国昨天的总统、今天的总统和明天的总统。”

注

① 这的确是一个奇迹。2000年的总统竞选被认为是耶鲁－哈佛之争或耶鲁人之间的较量，因为除戈尔外，其余三位候选人(利伯曼、布什、切尼)要么毕业于耶鲁，要么从耶鲁逃学(drop out)。后来布什参加耶鲁毕业庆典时戏称：“耶鲁的C类学生，你们也能成为总统；但是你得从耶鲁毕业，因为如果你从耶鲁逃学出去，那就只能成为副总统了！”2004年的总统角逐也是在两个耶鲁人——布什和克里间进行的。

② 在美国，毕业班学生在毕业典礼前举行庆祝的毕业庆典日，称为 “Class Day”。

走进耶鲁，有种置身上海外滩的感觉，因为这里的房子大多也是石头砌成，十分壮观。校园有两大奇景，一是教堂比教室多，二是松鼠比人多。因为创建时的宗教背景，教堂在校园区比比皆是。光我宿舍隔壁就有两座。每到周日，教堂悠扬的钟声更提醒我身在他乡为异客的孤独。但真正每周去教堂做礼拜的美国人不足20%。教堂往往是空荡荡的，利用率不高。问问"老美"——"供过于求，不如让无家可归者居住，好体现上帝的恩德？"答曰——"以前人们住在市中心，现在分散至郊外，故而教堂空了下来"；"我们也经常收留一些无家可归者，但将教堂改成住房是侵犯宗教权利的"。沐浴在上帝的光辉下，这里松鼠奇多，开车走路经常有虚惊。每到拍风景照都有小家伙作陪。有一张相片上竟然挤进去七只！

耶鲁大学有自然博物馆、历史博物馆、艺术博物馆。艺术博物馆还不止一个，其中艺术画廊还收藏了凡·高、毕加索等名家的真迹和"文化大革命"时期毛主席的画像。凡·高的名画"咖啡馆夜市"即收藏于此，这些展馆都是免费参观的。

老校园有座雕像特别引人注目，雕像的脚背磨得精光锃亮。我参加了每周一次的学生自愿导游校园的活动才知道，这是前校长Theodore Dwight Woosey的雕塑。据说摸了他的脚背考试准通过，故而摸者络绎不绝。

耶鲁的教室古朴典雅，门前的两件玩意儿颇令人深思。一是有台阶的门旁都有残疾人通道，无台阶的则有自动开门按钮。因为门较沉，又会自动弹回，故而先行者都会主动为后来者开门；二是门旁、路边设有许多应急电话，一按即有人答话，昼夜提供问讯、报警服务。教室内则十分温馨。回来后，有同学问我，"耶鲁的教室与我们复旦5301比起来怎样？"我答曰："不可同日而语也！"对方茫然。待下次我出示照片，展示其华丽的天花板与窗户辉映下一排排学生用手提电脑做笔记时，方感叹道："现代与古典相比，总显轻浮！"

校园环境固然别致，但抱怨的人说这只是牛津、剑桥的拷贝，是赝品；且校园与城市混在一起，街道将校园分割，显得很不别致。

看来，耶鲁的魅力并非源于其硬件，而是源自其软环境，源自其文化。

耶鲁的课堂文化：继承苏格拉底遗风

先说说课堂文化。我旁听过本科、硕士、博士生课程，感触最深的还是本科生的课。教师衣着非常正规，而学生则很随便，尤其是女孩子，有的一年四季穿着拖鞋、光着脚丫；还有的为赶时间穿着溜冰鞋直奔教室，来晚了则往往席地而坐(当然教室都有地毯)。本科生与研究生的课最主要的区别是，前者是老师问学生的多，而后者是学生问老师的多。但不管怎样，学生对老师都很挑剔。问其究竟，说是“每修一个学分都要交那么多钱，一定要把老师的油水榨干，没有油水可榨的老师就得走人！”(耶鲁是私立大学，有名的贵族学校，学费很贵)因此，德高望重的老师都给本科生开课；耶鲁认为本科生的教育才真正代表学校水准，因而只有本科从耶鲁毕业的才称得上是耶鲁人，并冠以“×××(姓名)，Yale，××(年级)”的头衔。讨论课(往往是高年级本科生和研究生上)老师可把脚跷在桌子上，学生也很放松。另外，本科生先都不分专业、不分文理科，但有指令性课程，如数学、外语等，以后再选择方向，许多专业还不需要写毕业论文；研究生则比较辛苦，尤其是博士生，除了上课和做论文，无暇他顾。

每位任课老师每周都安排固定的答疑时间，非常重视为师之道，强调职业化（professionalism）。师生关系比较正规，很少看到学生与老师为成绩搞关系的。课上提问非常注意公平参与，强调给每位学生以机会，没觉察到有什么歧视。很少有老师讲了5分钟还没有学生

耶鲁珍稀图书馆外景

耶鲁珍稀图书馆

提问或老师还没提问学生的。老师在每堂课开始一般会提示本课主旨，解释核心概念，回顾专题发展，指明问题所在，授课过程中可能会不断被同学的提问打断，但是其思想完全通过与学生的交流和引导学生讨论而得以传授，真可谓“形散而神不散”。这大概就是美国式的启发教育吧。我国留学生开始都觉得学生不断举手或随意哄堂大笑会打断老师思路，还怪许多学生没思考清楚就抢来发言机会的不是（甚至纳闷有的美国学生虽好讲，但发言时英语还讲得结结巴巴，不知那才是真实的生活英语），认为学生应该注意礼貌让老师讲完或谦让地把时间留给老师或更多的学生，结果是犹豫好半天方举手提问时老师已宣布下课，自己只能成为旁听者。后来我改变了这种“不鸣则已，一鸣惊人”的策略，采取灵活反应姿态，效果好多了，也赢得了自信与自尊。对比我们的课堂文化，则普遍存在“老师疏于导、学生讷于言”的现象。一方面，老师常常未能主导讨论，真正将自己思想（因此老师首先得有思想）贯彻课中，启发学生思考；另一方面，学生仍不敢于、不善于提问，常常是东拉西扯不能深入思考。

耶鲁的校园文化：培养个性与自由

其次说说校园文化。耶鲁人个性较强，强调差异性，不希望有某种固定模式。尤其是本科生，大都有一两门自己的爱好。我的外语搭档迈克是校棒球队员，经常外出比赛。耶鲁的体育设施也是一流的，拥有世界上最大的室内体育馆(开始我以为只是高校中最大)，各种球类馆应有尽有。我经常去打壁球，看冰球。凭耶鲁的ID一律免费(耶鲁实现“一卡通”，证明身份、借书、用餐等都用同一张ID；ID带有条形码，白天出入特殊建筑和晚上都要靠ID开门，全校通用)。更与众不同的是，本科生的学费里已包含餐费，每个学院(耶鲁有12个college，只是本科生居住的院子与专业学院如法学院、音乐学院不同)都有自己的食堂，凭ID吃自助餐。每每迈克邀我就餐，我总是大饱一顿。因而，学生每天下午都锻炼身体，然后尽情补充营养。我想这才叫从体制上重视德智体全面发展。

耶鲁的戏剧学院与音乐学院在综合性大学中都是首屈一指的，是其传统、古板精神的集中体现。几乎每周都有音乐会听、有戏看，一年的演出近1000场，虽以学生的试演、排演为主，但也有不少名家包括兼职教授的演出。兼职教授的演出往往免费，比如傅聪的钢琴会。学生演出一般也免费，有时象征性收一点，水平却不低。耶鲁有数个"Secret Society"组织，在一定的时候活动，一身黑色打扮，脸都罩起来，怪吓人的。我宿舍斜对面就有一幢他们的房子，很大，只有一扇门，没有窗户，从未看见有人进出。下雪天却看见通往大门的路上雪早化了，像是有人出入的迹象，更增添了几分神秘感（后来知道这是"骷髅会"的房子）。

耶鲁大学有来自世界上六十几个国家的留学生，研究生中有1/3来自美国之外的其他国家和地区，有些课上甚至没有一个美国人，至少有三个机构是为留学生服务的。留学生与访问学者服务处的伊丽莎白给我印象最深，她与学生在一起有无比的快乐。有一天深夜她组织我们看流星，大家裹着毯子躺在耶鲁天文台旁边数着流星，每发现一颗大家都兴奋不已，错过者则怪别人骗他。她感叹道："The sky is very busy!"

（天空真忙啊！）每周五她还组织 “Friday Conversation ”，不定期举办文化沙龙。她几乎天天给我们发送信息，还附带一句名言或谚语，告诉我们耶鲁与纽黑文有意义的活动或自愿者机会，尤其是节假日组织我们联欢，品尝各国小吃、观看世界文化万花筒等，都是各国留学生自愿参与的。读她的E-mail就是在学英语。通过这些活动，我深深地体会到，美国是个世界大家庭；去了美国，有种走遍世界的感觉。

学生的个性在毕业典礼前后充分体现出来。就在毕业典礼前一天专为本科生举办的毕业庆典日，学生们穿着标新立异的服饰，戴上自制帽子，有的甚至就头上扣个纸箱子。而毕业典礼上则怀揣各种条幅，当年就有许多反对授予小布什荣誉法学博士学位的标语。学生组织各种各样，我参加了著名的耶鲁政治联盟(Yale Political Union)。每次活动都是模拟国会辩论与表决，像模像样的。大选期间，我还聆听过联盟邀请来的绿党总统候选人拉夫·纳达、黑人领袖杰西·杰克逊的演说，对美国的选举文化算是有过直观的了解。演说的煽动性、学生的热情，表露无疑。2000年底，当阿以冲突加剧时，联盟邀请以色列官员演讲，台下阿拉伯学生曾引起骚动，有学生被打伤，后经警察增援、疏导才了结。

耶鲁的学术文化：造就未来精英

再说说耶鲁的学术文化。耶鲁大学有八个图书馆，非常特殊的是其善本图书馆和历史文献图书馆，均珍藏有中国的圣旨和藏文佛经。我经常去的是主图书馆(Sterling Memorial Library，藏书量在高校中仅次于哈佛，超过2000万册)和社会科学图书馆。主图书馆是十四层高的大理石结构，门口雕有世界上各种象形文字，包括甲骨文、楔形文字等。入馆一律免看证件，只有借书时才需凭ID卡。图书馆到处都有电脑供查询书目和上网，当然都是免费的。耶鲁花高价购买了各个专业近3000种常用期刊的网络版，因而查资料十分方便。图书馆信息系统还提供与其他有关网站数据库、资料库的链接，免费下载资料

(直接进入有关数据库网站往往是要收费的)。图书馆开至深夜两点，从未听说中午还要休息什么的。

耶鲁大学讲座频繁，校际讲座提前一周登在Yale Bulletin上，Yale Daily则在每个工作日再予以提醒，兼发表消息和评论。学生会还经常邀请各界名流与学生座谈。学生提问都很活跃，从来没有安排好要学生提问以完成任务之类的，当然也不要门票。各系或学院还有自己的讲座。非常有意思的是，教授们不管多么有名，都是讲座的常客；学生们则忙于上课。大凡有中国问题或中国来的学者的讲座，我都能看到历史学家Jonathan Spence （史景迁） 教授的身影，尽管他是美国在世的最负盛名的中国历史学家；而这些讲座也并非以中国历史为题材，经常是法律、经济、思想类的。耶鲁的学生和老师都很佩服他，称“He knows anything about China”。与之交谈和听其授课，果然是个中国通。现在想想，即便是耶鲁的学生，对中国大多也是一知半解，亏得有这些精英撑着；美国的兴盛不衰，真正靠的正是宪法立国和精英治国吧。以前总得意于“中国人了解美国比美国人了解中国要强得多”，现在真正汗颜。

另外，有身份的教授和来访者讲座结束后，一般都有招待(reception)，大家可以端着饮料、吃着点心与人自由交谈，尤其是可以与主讲者深入交流。我和许多朋友就是这么认识的。一进招待厅，大家都写张便笺介绍自己，贴在身上。开学术研讨会也一样，来者一视同仁，除了专门的招待，都可以领取资料、一同进餐，用不着被盘问身份 ——当然不速之客一般也会主动介绍自己。主持者都会很高兴能吸引他们来参与。

校长迎新也采取招待的方式，在致词后，领学生参观自己的办公楼。楼内挂满了历任校长的相片或油画，像白宫的做法一

样。然后是 reception ，校长端着饮料与学生自由交谈， 学生们也相互结识。本科生迎新在大礼堂举行，家长参加，校长讲话，然后各个college分别举行reception。此外，校长还不定期安排与学生对话，学生们一个个排着长队提问题，现场直播。每问一个问题，校长就请在场的学生举手表示对所提问题的态度，赞成或反对，以此检验问题的代表性。各院系也差不多这样。

在耶鲁，教授没有什么架子，尤其是对学生。学生有很多机会与教授们接触：讲座、研讨课、答疑或预约。在美国，预约(appointment)是十分重要的。对一个像我这样的外国学生，再有名的教授只要时间允许，都会抽空接待。当然，要有具体问题好谈。我通过这种方式结识了不少耶鲁知名学者。

耶鲁与中国：跨越三个世纪的友情

耶鲁与中国的关系源远流长。我国派往外国的第一个留学生容闳，当年就是留学耶鲁的精英，现在进了耶鲁名人纪念堂。后来又有詹天佑、晏阳初、李赋宁等名家留学耶鲁。复旦大学老校长李登辉也毕业于耶鲁。在我宿舍隔壁，有个雅礼协会（Yale-China Association），2001年正好是百年诞辰，经常举办一些活动介绍中国，这也成为港澳台同胞与大陆学生联谊的难得渠道。

耶鲁对促进中国的教育作了不少贡献。设在长沙的湖南医学院与耶鲁有着密切的合作关系，耶鲁为其捐献了不少设备，并提供人力资源支持。至今，耶鲁还每年负责培训来自湖南的卫生专业学生。

当然，中国人的自立自强绝不能依赖美国大学的培训。对于美国大学而言，“人才皆备于我”；对于中国留学生而言则要树立“美国皆备于我”的心胸，否则，正如有人抱怨在美的中国留学生道，“在话语霸权体系下，只能是语言上的阳痿，政治上的太监，生活上的侏儒”。

但不管怎样，耶鲁的名声还是不分青红皂白地给了所有与耶鲁有关的人。去外地参观更知道耶鲁在美国人心目中的地位，这一点在国内是难以体会到

的。在华盛顿时，我胸前习惯挂的耶鲁ID引来不少人的注意。有一美国中年人甚至对我说："你是从耶鲁来的？我爷爷的舅舅也毕业于耶鲁！"穿着耶鲁校服去西点军校，西点人都很乐意与我合影。

但是，我是以交换学生身份去耶鲁学习的。每每与耶鲁人接触，他们都称我为中国学者。我心里想，"复旦大学的学生是耶鲁大学的学者，到底谁牛，不是很清楚的吗？"

耶鲁人常常自豪地说耶鲁并非美国大学，而只是坐落在美国的世界大学，因为它的历史比美国还要悠久；耶鲁也宣称以培养世界领导人为目标。这种心态还表明世界大于美国，但无疑也在制造耶鲁神话。军校的佼佼者——西点的情形又该如何？

故事三　西点军校里的中国将军

去美国前，常常听说西点军校有雷锋雕像。但耳听为虚，眼见为实。康州离纽约州不远，自然希望在异国他乡一睹雷锋叔叔的风采。在枫叶正红时，我们驱车前往。

早上从纽黑文动身，经历两个半小时到达西点。整个军校像个大公园，依山傍水。西点坐落在哈德逊河口，这是独立战争期间抗击英军登陆的旧址，军校坐落于此，大概也为了激发美国学生军人的爱国热情。的确，“Honor（荣誉）、Duty（责任）、Country（国家）”正是西点的校训。

我们去的那天（10月28日）正好是新学员家长来探访的日子。于是新学员们都铆足了劲给家长们尽情表演，以期留下个好印象。校方这天特别开放学员宿舍，让家长们参观，使他们放心。我们这些游客也就享受了一番家长待遇，去一新学员宿舍参观，里面有电脑，见到我们来，新生家长很自豪地看着我们与他们的儿子合影。

新学员看来较瘦弱，也许还没有发育好。因为入学条件是17－23岁，同时要总统或副总统或联邦参议员或州长的推荐——光这一条就足以保证学员的政治素质，这也表明美国是个很讲政治的国家。

暮色中寻找雷锋像，始终未能找到，倒是看到一国民党中将墓，1909级（与巴顿同级），只记得姓温，名字挺怪，没有记住。温将军是西点培养的极少中国将军之一。打听雷锋塑像，管理员不知何许人也！原来是中国人按照自己想象杜撰的神话。雷锋精神固然与西点志愿者精神和牺牲品质有类似之处，但让反共的美国军校，为共产主义战士塑像，恐怕是天方夜谭。

说起巴顿，那是西点人的骄傲。暮色中我们与巴顿将军塑像合影，找了位日裔学员帮忙拍照。此君硬说巴顿是五星上将，让我们哭笑不得，担心他怎么毕业，后来知道是因为他们太崇拜巴顿了。中午在西点餐厅用餐，墙上挂满了出于西点名门的麦克·阿瑟等的油画，品其貌，味其香。

据说西点门口还有中国餐馆，离开时果然从窗户上看到路边的汉字。校园内的教堂也是值得参观的。军人的婚礼有什么不一样呢？只能靠解说员和图片的描述来了解了。不过故事倒挺精彩。西点的战争博物馆也让人印象深刻。一进门便是孙子的铜像和孙子兵法的名言——“兵者，国之大事，死生之地，存亡之道，不可不察也”。博物馆内存放着日本战败投降书的影印本，上面有国民党将军徐永昌的签字。欧洲战场陈列物中还有希特勒的签名。

离开巴顿像不久，我们突然看到那位日裔学员一动不动地注视着前方，行

军礼。远处喧闹的声音突然安静下来，我们以为出了什么事，朝他们注目远眺的方向望去，踢球的人像中了邪似的面对前方肃立远望，路上的行人都驻足行注目礼，原来到了降国旗的时候。一看表，正好6点。我们也受到感染，久久不舍得离去。回去的路上，耳旁还回响着《星条旗之歌》的旋律：

啊！在晨曦初现时，你可看见
是什么让我们如此骄傲？
在黎明的最后一道曙光中欢呼，
是谁的旗帜在激战中始终高扬！
烈火熊熊，炮声隆隆，
我们看到要塞上那面 英勇的旗帜
在黑夜过后依然耸立！
啊！你说那星条旗是否会静止，
在自由的土地上飘舞，
在勇者的家园上飞扬。
……

用中国人的鼻子呼吸美国，往往比美国人还能感悟到美国的真实存在。就说说美国的中国观和中国的美国观是如何冲撞的吧。这种冲撞首先是两国不同世界观的折射。

拿爱国主义来说，不仅有中国化的美国和想象的美国差异，更有有意误解的因素。美国人经常把自己对本国的感情说成是“爱国主义”，而把其他民族对自己国家或民族的态度称为“民族主义”。 这种“我们(us)－他者

(others)”的思维方式是与西方（美国）的宗教观分不开的。

西方宗教与东方宗教的最大区别就在于其排他性。圣诞节本身就是为了有别于当时流行的非宗教节日如太阳节等而人为制定的节日——基督的诞生日已不可考。

《圣经》中的上帝严词责令对他必须具有“排他性的膜拜”。“十诫”的头四条几乎全是对其他信仰的绝对禁止。摩西因见众人膜拜异教而在盛怒之下将从上帝那儿领取的“十诫”石板摔得粉碎；摩西的后继者们则更为清除异己而征战不已。然而，排斥异己的结果往往是排斥自己。基督教先后分裂为互不买账，而且各自内部又进一步无限分裂的三大分支：东正教、天主教和新教。

或许正因为西方宗教缺乏宽容精神，西方人才反思进而省悟，建立了政教分离的社会体制，把改造人的使命留给宗教，允许其说教的力量，却不给其任何国家专政的权力；而有军队和警察等作后盾的国家权力机构则被禁止干预人民的思想——各教派间虽仍山头林立，但却基本可以和平共处。

说基本可以和平共处，是因为在像美国这样族群林立、教派纷呈的多元社会，口水战是终归不可避免的。从11月底的感恩节开始，美国进入所谓的节日季节(Holiday Season)。这是商家促销的最佳时段。虽然圣诞节亲人间互换礼物的传统显然是由商家推波助澜而形成的，但是，面对构成日益复杂的社会，商家却不愿顾此失彼，因而最近几年纷纷打出“节日快乐”等中性标语以取代宗教色彩浓厚的“圣诞快乐”。有些商店还明令禁止雇员以“圣诞快乐”作为对顾客的问候语，以免引起非基督徒的不快，而失去顾客。

对顾客如此小心翼翼，对雇主自更不待言。从实质上讲是在给美国人民打工的美国各级政府自然不敢大面积冒犯选民，于是，波士

顿等市都经过激烈辩论，探讨市府前竖起的圣诞树是否应该更名为“节日树”。连笃信上帝，有破坏政教分离之嫌的美国总统，现在送出的白宫贺卡也只印上了“节日快乐”的字样。

“在世界上，只有爱国主义或宗教能够使全体公民持久地奔向同一目标前进。”[①]而在美国的情形更是，“爱国主义”与宗教信仰密切结合在一起，强调忠于美国的政治价值观，相信美国是承担着上帝赋予的使命的与众不同的国家。自从建国起，美国就一直根据外部敌人界定自己的“使命”，凝聚国内的“爱国主义”。冷战期间，美国成功地将苏联从二战时期的盟友转换为对手，以至于以“邪恶帝国”相称，以此确立自己领导自由世界的使命。反共的狂热更鼎盛于20世纪50年代的麦卡锡时期，原教旨的反共思潮成功地包装为“爱国主义”。敌人或对手的存在，带来了美国国内的团结和西方世界的团结，塑造了美国的国家认同和西方同盟，以至于不少人认定美国有寻找敌人、制造敌人、战胜敌人的冲动。爱国主义在外交领域的表现，便是美国的理想主义外交理念。

当然，外交领域的美国爱国主义也是很实用主义的，敌人或对手的角色转换充分体现了美国的实用主义如何包装其爱国主义的。现实主义国际关系理论家米尔斯海默在《大国政治的悲剧》一书中曾写道：

19世纪晚期，美国把德国看成是值得效仿的先进法制国家。但是，在“一战”爆发前十年中，随着两国关系的恶化，美国对德国的看法改变了。直到1917年4月美国对德国宣战时，美国才不得不承认德国比它的欧洲对手更加专制好战。同样，20世纪30年代晚期，许多美国人把苏联看成魔鬼国家，部分

注

① 【法】托克维尔著，董果良译：《论美国的民主》，商务印书馆1996年版，第105页。

原因是由于斯大林在国内实施清洗政策以及他在1939年与纳粹德国签订臭名昭著的互不侵犯条约。可是，当美国在40年代末期与苏联联合抗击德意志第三帝国时，美国政府展开了一场大规模的公关运动，以清理这一美国新盟国的形象，使其符合自由主义理念。苏联此时已被描绘成最民主的国家（proto-democracy），斯大林也成了“约瑟夫大叔”（Uncle Joe）。[①]

再回到耶鲁折射的美国精神话题。耶鲁大学是以一位名叫耶鲁的出资人命名的，但其标志不是耶鲁的雕塑，而是内森·黑尔这一美国独立战争时期的英雄，耶鲁大学1773级学生。他的故事已载入中学英语课本。“我唯一遗憾的是，我只有一次生命贡献给我的祖国”，便是他当年被英军处以绞刑前所留下的名言。据说美国中央情报局（CIA）门前也以这位美国间谍之父作为门神。对此，耶鲁大不以为然。

耶鲁的标志是美国爱国主义精神的一个写照。耶鲁的校训“For God, For Country, For Yale”折射出典型美国人的信念——爱上帝，爱美国，爱自己，大概这就是美国版本的“修身、齐家、治国、平天下”？的确，宗教情结、爱国主义和个人主义塑造了美国人的灵魂——上帝高于国家，个人优于国家又服务于国家。

走在美国大街上，经常看到高悬的国旗，节假日更是如此，有的商店门口也插满了国旗。广场、道路交汇处，总能见到高高飘扬的星条旗。美国的爱国主义充分体现在其自豪感上。

赵汀阳先生指出，以美国为代表的“西方思想框架是人（主体）在‘看’

注

①【美】约翰·米尔斯海默著，王义桅、唐小松译：《大国政治的悲剧》，上海人民出版社2003年版，第25－26页。

世界，在这个知识论框架中，凡是主观性所‘化’不进来的东西就是绝对在外的超越存在，这种绝对逃逸在外而绝对异质的东西只有两种：上帝和他人。于是，上帝被指定为万物之源，而他人特别是异教徒就被认定为死敌。承认超越存在的理论后果就是宗教以及与人为敌的政治理论。……中国的思想假定的是，对于任何他者，都存在着某种方法能够将它化为和谐的存在；或者说，任何不和的关系都可以化成和谐的关系，任何在外的存在都可以是‘化’的对象而绝不是要征服的对象”①。这样，西方政治话语首先思考的是“Who are you?”也就是身份问题，区分和制造敌友，探询“我们”（us）和“他者”(others)是一种割裂的世界观；而中国政治观思考的前提是“Who are we?”，最终得出四海一家的概念，产生天下和谐的世界观。

这两种不同的世界观影响到中美间的相互认知和两国关系。先说美国人对中国的认知。

美国人的中国观，总是徘徊在有识与无知之间。

在美国的日子，不仅加深了我对美国的认识，也为我更好地认识自己的祖国、了解美国的中国观、认识中美关系的复杂性，提供了一个极好的机会。2000年的总统竞选是近年来中国第一次没有作为把子受到各候选人的攻击，其竞选历程的戏剧性也开创了美国总统选举以法院裁判总统谁属的先例。这对于我了解美国政治制度运作及对其中美关系影响，无疑提供了极好的素材。

小布什政府上台以来，中美间政治天气晴转多云，尤其是2001年4月1日又发生了南海上空撞机事件，两国关系大大倒退。期间美国各界对中美关系、中国社会文化的关注为近十年来所罕见。对于普通美国人是如何看待中国的、两国人民间如何克服相互认知差距、经贸关系如何为两国政治关系奠定基础的等等问题，这场外交危机为解决这些谜团都提供了一个很好的素材与个案。期间，我尽自己所能约见了耶鲁大学不少教授和学生，尤其是那位犹太学生，他

注

① 赵汀阳：《天下体系：世界制度哲学导论》，江苏高等教育出版社2005年版，第14－15页。

在《耶鲁日报》上发表文章称“因为撞机事件要美国人向中国道歉，就像1939年德国入侵波兰要波兰向德国道歉一般荒唐”，我耐心做他们的工作，并著文阐述问题的实质和中国的立场，起到了一定的积极效果。我的文章《蜘蛛与飞鸟的故事》后来还刊登在多维新闻网(Chinesenewsnet.com)上。经与他们交流，才知我们如此义愤填膺之事，他们却大放厥词的缘故。在他们看来，这件事发生在公海，是我们的飞机撞击他们执行任务(至于任务的性质他们并不在乎)的飞机，而且不经撞，一撞就栽下来；待提醒他们是间谍飞机时，他们认为各国完全有权针对他国搞侦察，就像冷战期间美国经常与苏联玩“老鼠抓猫”的游戏那样。说起干涉内政，质问美怎么将我国台湾问题立法，他们则说欢迎中国干涉美内政，不在乎中国也弄个与夏威夷或加州关系法——一副强者心态。当然，中美两国的文化差异为理解“道歉”这一简单的词设置了障碍。撞机事件期间，许多美国人还反对 “Made in China”。殊不知，他们中许多人的饭碗就与 “Made in China”联系在一起。 因为有那么多的“Made in China”，他们才能享受清新的空气，拿到数十倍于中国人的薪水……

撞机事件之外，“高瞻事件”也对美国人，尤其是知识分子阶层产生了不利影响。普通美国人，尤其是从未来过中国的美国人，对中国偏见颇多。偏见往往源自无知。许多美国人还是在北京获得奥运会举办权后才知道中国的首都是北京。不论议员也好，民众也罢，总是以美国的思维方式、政治体制与政治文化尤其是以他们的心态来剪裁中国、攻击中国。对此，我心里总不是滋味儿。不断约见一些发表对中国误解颇深的言论的人，但毕竟寡不敌众。

在政治上，印度人在美国人心目中的地位要高于中国人。美国总是称，“印度是世界上最大的民主国家”；无奈印度人说的英语再难懂，老美听起来也没有问题，认同感自然也高。在5月份的耶鲁“世界文化万花筒”节目中，有三个印度节目，而没有一个中国的，真为中华文化鸣不平。

到美国不久我即参加了“结束与古巴的冷战”研讨会，才知道美国共产党的情况。还是19世纪的形象，怎么赶得上21世纪的知识经济时代？他们只能成为反全球化勇士，而非先进生产力的代表，反对布什当总统结果也是枉然。

当然，中国人的美国观也徘徊在理解与误解之间；说美国对中国的误解与无知，中国也免不了干系。对许多中国人来说，我们的美国概念是翻译来的，夹杂着芜杂的好莱坞的喧嚣和麦当劳的气息。

就说我们是如何学习美国的语言——英语的吧。

经常听说“学习一种外语是学习一种文化，学习外国人如何思考的，因为这决定了他们如何表达自己”。美国之行让我真正体会到了这一点。我们一天到晚对美国讲主权(sovereignty)，多数美国百姓却不知sovereignty为何物也；而在美国妇孺皆知的词“shoulder”，我做梦都没想到是指街边紧急停车处，翻翻《英汉大辞典》，释义的最后一项才提及，一般字典更未收录此意；“What a big deal!”如此简单的一句话我却从未听说过。因语言障碍，误解也就在所难免。

我们的英语老师大部分从未出国——出国也只是短暂的访问进修，大多为外语系毕业，注重的是文学和语法，莎士比亚、狄更斯之类的，课上纠缠于解剖句子，教学方式死板，这样又如何能将英语学活？现在明白为什么老美讲话经常博得听众莫名其妙的笑声，因为他们用表情讲英语。这也是我们的同学用流利的英语提问而以英语为母语的老外经常不知所云的原因。为什么？很简单，老外不是那么说的！美国学生看起来讲得结结巴巴，人家却听得津津有味，话说得很活，甚至不合语法，但符合习惯，符合人们的思维习惯。难怪他们口不离“ you know”，“wa! ”

更出人意料的是2000年9月，我去纽约华伦道夫饭店前迎接江泽民主席出席联合国千年首脑会议。打车至饭店，与想象的场面更离谱了，美国如此简单！并未发现戒备森严的情景。一百多名各国首脑入住，只有少数安全保卫人员在门口。进门小解，却无人阻拦，出来时还邂逅了吴晓莉。于是喊“晓莉！”竟然讨来她一张名片。等待主席到来时，有境外反华势力示威，警察站在一边笑，只要不出事，从不干涉。抬头一看，阳台与屋顶上却埋伏有狙击手。真是外紧内松呀。“9·11”事件一发生，我便意识到这是开放社会又一敌人在作祟。眼前又浮现出华盛顿朝战纪念碑旁一句广为美国人引用的话：“Freedom is not free!”

用中国人的鼻子呼吸美国，有惊喜，也有凄凉……

第三篇

触摸美国：美国必然会被神话！

The United States is unique in the world: The world is hcrc.[1]

（美国是世界上独一无二的国家，因为世界就在美国。）

注

① Sokolik, M.E.: Rethinking America 3: An Advanced Cultural Reader, Heinle & Heinle, 1999.

The Mythed America 3

深入接触美国，就不难明白美国必然被神话。

有一句话，虽并不挂在美国人嘴边，却深深地烙在美国人内心——“凡是有利于美国的，也就有利于世界”（If It's Good for America, It's Good for the World.）。果真如此，其逆反命题也应成立——凡是不利于世界的，也就不利于美国。事实却不然。美国以其开放而保守的政治理念、自私而自负的全球霸权，将环境污染、人口、资源等全球性危机拒之门外，长期以来并没能设身处地感受到世界的痛苦，直至由内而外的国际恐怖主义通过“9·11”事件才结束了这一状态，证实了美国脱离世界的危险。

然而，美国新保守主义者并没有从中汲取应有的教训，反而加重了日益脱离世界的错误倾向，以单边主义和霸权作风“挟反恐以令诸侯”，俨然是“世界为小，美国为大”。面对“9·11”事件后“世界失衡、美国失范”的局面，越来越多的有识之士在替美国着急、为美国反思。《华盛顿邮报》专栏作家戴维·伊格内修斯曾形象地指出：“美国人的思维模式有时类似于古希腊天文学家托勒密，也就是说把美国视为宇宙的静止中心，认为其他国家和事件都围绕美国人旋转。”他由此呼吁美国人应当考虑哥白尼革命的必要性，必须承认自己并非“宇宙”中心。[①]的确，美国的电话国际代码是001，网址域名是没有像我们“.cn”那样用来标志国别的尾巴的。因为电话和网络是美国人的发明，美国人就想当然地有了主人的感觉。久而久之，这种主人的感觉发展成为“世界围绕美国转”的神话。

注

① 戴维·伊格内修斯：“哥白尼式外交政策”，《华盛顿邮报》2004年9月7日。

《剑桥美国文学史》主编，哈佛大学教授萨克万·伯克维奇（Sacvan Bercovitch）对美国神话的形成做了权威的民族－宗教学解释：

美国历史就是一小群英国殖民者僭用了美利坚(America)的意义，并赋予它一种特殊的使命，同时宣称自己是代表未来的民族。在这一宣称的背后包含着始于新英格兰清教的一系列象征性的自我界定。此后，从1776年至19世纪，又经历了一连串象征的公式化表述与再表述，为一个东岸共和国扩张为横贯大陆的帝国提供了准备与指导，再往后到了我们的时代又扩张成全球的“美国方式”。

清教徒赋予“美利坚”以神圣的意义，赋予作为“美利坚人”的自己以神圣的目的。他们是第一个把“美利坚人”的名字用于美洲大陆的白种移民身上的，而不是(如所有其他移民那样)用于土著居民，这并非偶然。在美国的神话里——这神话盛行至今——清教徒被作为始祖、作为美国革命的先行者来颂扬，这也并非偶然。最后，清教徒的感恩节已成为全国的节日，普利茅斯岩和“五月花”号船被视为民族的圣坛，清教徒在美国文学传统中占有中心的地位，清教辞令成了政治话语方式的必要内容——从革命时期经过内战一直到约翰·菲兹杰拉德·肯尼迪和乔治·沃·布什总统任期。正是从这一传统中，拉尔夫·华尔多·爱默生称美国为“明天的国家”；赫尔曼·麦尔维尔称它为拥有“自由的圣经”的“新以色列”；波兰犹太人玛丽·安蒂庆祝她获得美国籍是迁移到了“应许之地”；马丁·路德·金要求兑现“美国梦”；比尔·克林顿以“新契约”开展竞选；罗纳德·里根提醒美国人说他们是“被选来重新开始世界的人民”。从政治或美学上说，我们现代世界的奇观之一就是清教的美国象征的胜利。总之，象征发展成一个基于基督教传统的神话。①

的确，美国人的内心世界必然制造美国神话的假象。从我美国妈妈的眼神中，从在美国敬老院做志愿者的经历中，触摸美国的一草一木，把脉美国人的

注

① 萨克万·伯克维奇著，钱满素译：《美国神话》，《外国文学评论》2002年第1期。

心跳，美国人说，你在体会美国，也在体会世界；可我却只体会到一个被神话的美国，体会到美国必然会被神话。

故事一 在美国体会世界

小时候问老师，世界在哪里？老师就指着地球仪说，这就是世界，并且解释说我们的脚底下是美国——美国在地球的另一端，我们白天时，正好是美国的晚上。于是，想体会这种黑白颠倒的感觉，从小就想去美国。到了美国，人们告诉我，到了美国就到了世界；只有到了美国才真正体会到世界。

如果从人种/文化的多元性来讲，情形似乎是这么回事儿。《纽约时报》曾这样描述过美国多元化社会的事实：

At the annual Lower East Side Jewish Festival yesterday, a Chinese woman ate a pizza slice in front of Ty Thuan Duc's Vietnamese grocery store. Beside her a Spanish-speaking family patronized a cart with two signs: "Italian Ices" and "Kosher by Rabbi Alper." And after the pastrami ran out, every-body ate knishes.—New York Times, 23 June 1983.

（昨天是每年一度的犹太教节日。一位中国女人在越南食杂店前吃比萨饼。在她身边，一位说西班牙语的家庭正光顾一辆食品推车，上面写着“意大利冰激凌”和“犹太美食”。当五香熏肉抢购完时，每个人都吃着犹太馅饼。——《纽约时报》1983年6月23日）

1782年，美国梦的第一位评论者圣·约翰·德·克雷弗克在他的《美国农夫信简》（又译《一个美国农夫的通信》）中的一篇通信中提出了一个有关美国民族性的经典问题：“美国人是什么，这是一种新人吗？”他们自己作出了回答：“这是一个欧洲人，或欧洲人的后裔，是在任何一个国家中都没有遇见的混血儿。我可以举出一个家庭做例子，祖父是大不列颠人，妻子是荷兰人，儿子娶了一个法国人为妻，他们的四个儿子分别娶了国籍不同的四个女人为妻。”这种混血，在当时的欧洲是难以想象的，对于这位研究美国的先驱者来说，这是一种令人惊异的现象。他又说：“那么，一个将他的偏见和习惯忘在脑后，接受了一种新的生活方式，服从一个新的政府、接受了他所达到的社会地位的人，就是美国人。”①

美国《人文杂志》曾刊文对美国“合众为一”的特性做过很好的描述：

伴随着一浪又一浪的新移民来到美国海岸，这个国家不得不一而再地面对社会日趋多样的挑战。为了达到多元化，“合众为一”是美国人必须坚持追

注

① 圣·约翰·德·克雷弗克(St. John de Crevecoeur)：《美国农夫信简》(*Letters from an American Farmer*，1782。

求的理念。美钞上印的是美国国玺上的拉丁文箴言：E Pluribus Unum（合众为一），是确保美国“和而不同”的法宝。

今天，美国的“众”比任何时候都引人注目——种族和面庞，爵士乐和伊斯兰教的卡瓦利音乐，海地鼓和孟加拉小手鼓，非洲散拍舞和印度旁遮普舞，墨西哥街头乐队和印度尼西亚的木琴乐队，伊斯兰教的宣礼塔和印度教的庙塔，摩门教的教堂尖顶和印度锡克教谒师所的金色穹顶。

在这种多元化文化中，需要许多新的声音来表达美国人的同一性，各个声音以自己的方式作出贡献——如锡克教徒的声音，他们支持人类平等这条“不言而喻的真理”不仅是因为它写在《独立宣言》中，还由于它是锡克教领袖那纳克教诲的组成部分和锡克教徒信仰的一个原则。聆听表达美国这个概念的新方式正是我们今天面临的挑战。

“合众为一”明确没有表述的一点是“合众教为一教”。美国的同一性并不意味各种信仰融合在一种宗教的大熔炉中，都说一种宗教世界语。可以有皈依、异教通婚和公众和个人信仰的融合，但在宗教真理的问题上永远不会一致。同一性应是公民性的——我们作为公民的共同盟约的同一性来自宗教方式和宗教世界的众多性。

“合众为一”不是一个业已实现的事实，而是美国人必须不断追求的理念。什么是衡量美国人的众多性的标准？美国人的同一性是什么意思？如同任何好的信条一样，‘合众为一’这几个字的含义能够往许多方向伸展。自此箴言于1782年初次采用以来，它的含义已经扩大了。那时它有政治的含义：组合诸殖民地为一

个共和国；组合诸州为一个国家。随着19世纪末和20世纪初移民蜂拥而来，那箴言有了文化内涵——组合众多民族的人们为一个民族。[①]

1944年，瑞典著名学者冈纳·米达尔在《美国的抉择》一书中进一步将“合众为一”的“一”概括为“美国信念”（American Creed）。他指出，美国人在人种和民族属性、宗教、地域和经济等方面多种多样，参差不齐，但仍有“共同之处：一种社会气质，一种政治信念”，接着他用大写字母写出了“American Creed”。所谓“美国信念”由山巅之城的新教理想主义引申出来，这个信念最早由杰克逊做出了经典性的表述。美国信念大体上包括几条，个人尊严、人人平等、人人确有不可剥夺的政治权利、公正、机会均等等等。这一概述，获得了广泛认可。美国人也将“美国信念”视为美国特性的关键组成部分之一。

米达尔曾经这样解释过两种核心的美国信念：一是美国人坚信个人的基本尊严，二是所有人的平等和不可剥夺的自由、正义及公平机会的权利。米达尔等认为，美国的信念和美国现实之间的紧张造成了“美国困境”。在他看来，美国人正是为了实现他们的理想做出了持续不懈的努力，因此这种紧张也是推动美国社会进步的动力源泉。

比如，美国将如何处理今天的宗教多样化的问题呢？排他、同化和多元化这些说法表示美国人有三种应对日趋扩大的文化和宗教多样化的途径。就主张排他的人士而言，他们对似乎威胁到美国文明核心的那些滚滚而来的多样文化和宗教的回答是关闭国门，尤其是将“异己”，无论是亚洲人、天主教徒，或犹太教徒拒之门外。简而言之，意思就是待在自己国家别来，或者回国去，反正不能参与到美国社会生活中来。

对主张同化的人士而言，他们欢迎移民来美国，但主张将和美国人的差别尽可能快地留在身后。换句话说，来吧，变得跟我们一样。

注

① 戴安娜·艾克（Diana Eck），“合众为一：一个新美国”，美国《人文》杂志（Humanities），2002年9月/10月。

而对主张多元化的人士来说，美国的许诺是，你带着你所有的不同按原样来，只需对公民的普遍要求做出保证。换句话说，来，保持你原有的一切。

上述三个音键都能按照不同的侧重奏出表示“众”和“一”关系的声音。在美国的历史中，这三种声音若干年前都听到过，并且在有关移民和多元文化的争论中也能分辨出它们。

长期以来，有关排外的叙述是美国故事的一个内容。滋事分子曾闯入匹茨堡新建的印度教－耆那教庙宇，砸碎印度教诸神的白色大理石像，他们在主坛上涂写的是 “滚蛋！”两字。那是露骨的“排外主义”信息：外国的东西都应该滚蛋。憎恶外国人的乱涂和暴力行为是长期以排斥方式处理差异的组成部分。回想起17世纪马萨诸塞州的清教徒，他们也曾以斩钉截铁的语言告诫公谊会教徒、犹太教徒和天主教徒离开。

美国对待差异的第二种态度概括在“同化”一词中。欢迎人们来，并变得和“我们”一样。用这种观点来审视今天的问题，那么锡克教谒师所应该弃绝特色化的伊斯兰衣着，纽瓦克的穆斯林警察应该剃掉大胡子，从而与其余胡子刮得精光的警员一致。同化主义者认为移民来后会融合进来，为文化混合作出贡献，但最终需放弃他们祖国文化最有特色的方面而接受美国文化。

最生动的形象是熔炉，各种差异都熔化在一口锅里了，坩埚里增添了它们的味道，但失去了它们的形式。伊斯雷尔·赞格威尔 (Israel Zangwill) 1908年创作的戏剧《熔炉》(*The Melting Pot*) 中第一次宣传了这个美国形象。赞格威尔期望欧洲宗教冲突的“世仇和宿怨”将在新世界的坩埚中熔化。1908

年西道尔·罗斯福出席该剧在首都华盛顿的首场演出之夜，他评论道："我们美国人是这只坩埚的孩子。"从未有一个表示我们的"众"和"一"关系的形象比"熔炉"更受人喜爱。

但是，它是什么样的熔炉？混乱由此而来。它基本上是个英国传统的熔炉，将欧洲其余部分同化其中吗？它更是一个每个人在混合中发生变化的变质炉吗？不管怎样，在坩埚中熔化的是构成差异的界线。从这个观点看，要成为美国人就意味着舍弃差异。

美国对待差异的第三种态度是多元化。多元化所表达的不仅是差异，还有接触、融入和参与。它是沟通、交流、对话和辩论的表达方式。它是交响乐团和爵士乐队的表意。

犹太移民的社会学家霍勒斯·卡伦（Horace Kallen）很可能是第一个使用"多元化"一词的人，他1915年在刊物《国家》（*The Nation*）上发表文章中认为，熔炉的理想本质上是反民主的，因为它与美国的基本原则背道而驰。在美国受到珍视的自由之一是自我的自由，无需抹除自己文化的特色。卡伦以交响乐而不是熔炉的形象来看美国的多元化及美国的一致性。他写道，美国是个交响乐团，演奏的音乐不是齐奏而是包含多种文化特色的和弦。他将这描绘为"文化多元化"。

按卡伦的观点，移民可以而且确实改变了许多东西——他们的服装风格、他们的政治、他们的宗教从属和他们的经济状况。但是，无论还有其他什么变化，"他们无法改变他们的祖父"。文化多元化保留了父母和祖父母给予的"祖传"自我。人们不仅在服装和公开场合表现上，还在宗教和教义上，有与他人不同的权利，而只是在参与公民的共同盟约上一致起来。美国文明是"一致性中的多样性，是人类协调的组合”。①

总之，美国既是熔炉又是色拉。既是一个完整的社会，又是一个松散的各种族结合体。美国社会制度的力量在于能够把他们凝合在一起，容许他们保持各自的宗教信仰和各自的价值观，让他们各有所长地去发挥，物尽其用，而在他们的价值观与这个社会制度发生冲突的时候，再去纠偏，让不同的价值观遵守一个共同的规定。

那么，美国的多元文化是如何一步步形成的呢？

文化是历史以人的生活方式的累积；一定的文化特质总是由一定的历史渊源造成的。美国人在两百多年间经历了其他民族很少经历过的艰难险阻，形成了自己的性格和哲学。民族性格是表层文化的象征，民族哲学则是深层文化理念的体现。美国的发展经历了从认同自我的欧洲化（殖民化）、塑造自我的民族化（国家化）到表现自我的国际化（世界化）历程。按照这一历程，美国文化的发展大体上分为三个时期：

欧洲化（殖民化）时期（18世纪前）

这一时期表现出美国移植文化的一面。美国早期文化是新移民在继承欧洲传统（主要是盎格鲁—撒克逊传统）的基础上在新大陆上不断创新的结果。这一特点深深根植于其文化的载体——美国人、文化的骨骼——美国的社会制度、文化的灵魂——美国的意识形态与价值观念尤其是宗教理念之中。

注

① 戴安娜·艾克（Diana Eck），“合众为一：一个新美国”，美国《人文》杂志（Humanities），2002年9月/10月。

1620年冬，102名英国清教徒和社会失意者为了逃脱本国的宗教迫害和社会困境，向往建立一个以“清教”基督教思想为标准的单一化社会，即建立一块理想中的清教徒的净土。他们乘坐“五月花”号抵达北美英属新英格兰殖民地，成为这片处女地上的“移民始祖”。他们在船上拟订的《五月花号公约》，由41个成年男子在上岸前共同签署，后来成为美国文化精神的雏形。

宗教在促成民族特性形成的伦理道德和精神动机等因素中有着特殊的地位和作用。美国清教徒传统深深地影响了美国文化的内涵与精神。神学家保罗·蒂利希断言：“宗教是文化的灵魂，文化是宗教的形式。”在美国，无论是团体还是个人，都表现出对宗教权力的欣赏态度。“美国宗教最突出的特色就在于它的‘多虔诚性’——即它的宗教复杂性和多样性……美国融合了各种各样的地理环境、不断涌现的新兴民族、新旧不同的宗教信仰和各种政治决议，这从整个世界历史的发展进程来看似乎是相当偶然的。”[①]宗教的多元性是美国文化多元性的集中反映。

此外，宗教信仰的追求还塑造了美国文化的核心理念之一——自由。“自由也许是美国人最响亮、最根深蒂固的一种价值。从某些方面来说，自由规范着个人生活和政治生活中一切好的东西。然而自由在现实生活中的意义却是不让别人过问自己的事；不许别人把他们的价值、想法、生活方式强加给自己；以及在工作、家庭生活和政治生活中不受独断专制的统治。”[②]

注

① 【美】马丁·E.马蒂：《美国的宗教》，载【美】卢瑟·S.利德基主编，龙治芳等译：《美国特性探索：社会和文化》，中国社会科学出版社1991年版，第282—292页。

② 【美】罗伯特·N.贝拉等著，翟洪彪等译：《心灵的习性：美国人生活中的个人主义和公共责任》，三联书店1991年版，第33页。

文化的自由理念和宗教多元性与美利坚民族的成长有关。美国是一个移民国家，20世纪以前，移民主要来源于欧洲，尤其是英国。因此，构成美利坚社会文化的基础是盎格鲁—撒克逊文化。但是，美国文化又是在摆脱英国政治经济统治中形成的。在乔治·华盛顿领导下，经过历时8年（1775—1783）的独立战争，美国人民终于摆脱了英国的殖民统治，建立起美利坚合众国。独立战争的第二年，即1776年发表的《独立宣言》，是人类历史上"第一个人权宣言"（马克思语），它和其后制定的美国宪法一道，确立了美国式的资本主义制度，奠定了美国政治文化的基石。欧洲的民主之花，在美国结出了丰硕的果实。从此便开始了美国文化的本土化阶段。

美国化（民族化）时期（19世纪）

独立后的美国，开始了塑造自我的美国化时期，并通过内战（1861—1865）的政治整合而成型。其后，美国的发展进入了现代化也是国际化时期。

美国化时期也就是美利坚民族的形成时期，美国文化表现出作为民族文化的一面来，并具体展示出开拓型文化和整合型文化两种特征，这也是由美国历程所决定的。

开拓型文化的核心是美国开拓历程中形成的个人主义传统，它也是美国文化的基本价值理念之一。"美国的文化传统，是通过把个人高悬在无比荣耀却又极其恐怖的孤立状态中来界定个性、成功和人生目的的含义。”①

以个人主义为特质的开拓型文化早已深深地扎根于美国人的心灵；而整合型文化则至今仍经受着考验。美国著名历史学家亨利·亚当斯在他所著《美国史》中谈到杰弗逊政府时期的美国历史时指出，“甚至在杰弗逊担任美国总统前夕的1800年，早在外来移民的巨大浪潮造成美国是个种族熔炉的国家形象之前，美国人也很难把自己说成是一个整体的民族”。②

关于美国民族文化的形成和特征一直存在的“熔炉”与“马赛克”之说的争论，也体现出美国文化的融合与冲突的矛盾性。现今美国的种族问题、美国式的沙文主义、排外主义等都可从中得到解释。特纳在1920年认为“新边疆促进了美国人民的一种混和民族性的形成……在边疆的熔炉中，移民都美国化了，获得了自由，并融合成为一个混杂的种族，既没有英国的民族性，也没有英国的特点”，并据此创建了旨在整合美国族际政治的大熔炉……

美国文化正是在多元化的冲突中融合成美国型文化特质的。通过移民的载体和各种传播途径输入的形形色色的外来文化到了美国不至于被同化又不至于被分裂，这正是美国文化的魅力所在。

美国化时期也是美国文化的自我塑造时期。如果说欧洲化时期体现了继承的力量对美国文化形成的影响，美国化时期则充分展示了环境因素在塑造美国

注

① 贝拉：《心灵的习性》，第8页。
② 转引自【美】雷诺兹、诺曼编，徐克继等译：《美国社会》，三联书店1993年版，第7页。

文化特质中的特殊作用。

托克维尔除了强调自然环境对美国民主塑造的重要作用外，还强调了民情与传统的作用。他认为，美国的民主的民情扎根于历史上形成的新英格兰乡镇自治制度；乡镇自治的传统是人民主权和美国人在实践中确立的公民自由原则的根源。传统对整个美国文化的影响由此可略见一斑。

继承和环境对美国文化的影响，突出地体现在两者对美国性格的塑造上。美国著名历史学家 H.S.康马杰写道：

美国性格是继承和环境交互作用的产物，而两者都是错综复杂的。以继承而论，美国不仅继承了英国传统，也继承了欧洲的传统；不仅继承了17、18世纪的传统，也继承了两千年来的传统。美国是英国的产物，这一点谁都承认；美国文化和制度的渊源可以追溯到希腊、罗马和巴勒斯坦，这一点却被遗忘；美国人所保持的国家、教会和家庭的基本制度以及他们所珍爱的基本价值观念都表明了这种悠久的来源和关联。……但继承是高度选择性的继承，环境的影响也因地而异。体制方面特别是政治和司法性质的体制只有很少的改动，但社会组织方面的变动却非常深刻，可以说已完全脱离了原来的轨道，而心理方面的改变则简直是革命性的。……异类异质的继承却形成了同类同质的性格，这说明环境起了决定性的作用。而环境的差异绝不亚于继承的差异。……总之，不是局部环境而是美国整个环境决定了每个人的性格或造就了美国式的人。整个环境是指土地辽阔，便于流动，独立的气氛、崇尚乐观进取的精神等等。在欧洲，由于有悠久的封建主义和民族主义传统，局部超越了总体；而在美国，由于在工业革命时期已趋于成

熟，不承认强烈地方的传统，且须打破这种传统，于是总体超越了局部。美国人种族血统异常复杂、气候和土壤条件各地不同，却容易形成鲜明而稳定的民族性格，这不仅使批评家难以逆料，而且整个历史和经验也无法解释。[①]

一直到20世纪以前，美国社会文化的主要因素还是来自于欧洲尤其是西欧的文化成分。但是，美国“具有真正伟人民族的良好品质和素质，而这些东西只有在从来没有经历过封建主义的民族那里才看得到”。恩格斯写道，“美国是一个新世界，新不仅是就发现它的时间而言，而且是就它的一切制度而言；这个新世界由于藐视一切继承的传统的东西而远远超过了我们这些旧式的、沉睡的欧洲人；这个新世界是由现代的人们根据现代的、实际的、合理的原则在处女地上重新建立起来的。……在美国，一切都应该是新的，一切都应该是合理的，一切都应该是实际的……”[②]这说明，美国化时期，也就是对欧洲化传统的改造和文化的自我肯定时期。

注

① H.S.康马杰：《美国精神》中译本，光明日报出版社1988年版，第4—5页。
②恩格斯：“美国旅行印象”，《马克思恩格斯全集》第21卷，人民出版社1965年版，第534页。

世界化（国际化）时期（20世纪）

这是美国文化不断创新和辐射世界的时期，也是美国通过“门户开放”政策和经历两次世界大战后开始的文化扩张时期。

“美国人生活中经历的最根本的变化，或许是从19世纪的乡镇生活——其中的经济关系和社会关系是有形的、在道德上是被解释为更大一体生活的组成部分的，而无论这种解释是多么的不完善——到经济上、技术上、职能上实现了远为广泛得多的相互联系和一体化的社会转交。”[ZZZ]19世纪末，美国社会进入了现代大工业化社会发展阶段；现代化工业迅速发展，现代化工商业城市兴起，人口向城市、向工商业发达地区集中。因此，国际化（世界化）时期也就是现代化时期。

工业化、商业化和信息化成为这一时期美国文化的主要特征，并由创造这一文化体系的精英和商标所体现：以发明大王爱迪生所代表的科技文化、以通用汽车所代表的工业文化、以可口可乐为标志的商业文化和以迪士尼、好莱坞为代表的娱乐文化以及以比尔·盖茨为代表的信息文化等等，它们共同塑造了美国现代文化的器物、制度与价值层面，并随着美国的文化输出而成为世界性的了。换言之，由于美国首屈一指的大国地位，美国的也就越来越成为世界的了，这就是美国文化的现代性和世界性的生动写照。

除了文化的器物、制度与价值层面外，世界化时期的美国文化也由其载体

注

① 贝拉：《心灵的习性》，第74页。

——美国人的构成变化所体现。20世纪60年代以来，新移民潮中，来自欧洲的移民人数大为减少，而来自亚洲和拉美地区的移民人数急剧增加，还有相当数量的非法移民潜入美国。奇怪的是，他们的文化多元化在美国本土上得到了进一步发展。

世界化时期，随着社会化大生产的快速推进，社会分工也在急剧发展，利益多元化日益明显，对美国文化产生了深远的影响。“20世纪美国社会最突出的特征，就是人的生活被分割成若干个相互独立的职能部门：家庭和工作场所、工作和闲暇、白领阶层和蓝领阶层、公共生活与私人生活。”[①]

于是，历史中形成的文化多元化和现实中表现出的利益分散化，构成了当今美国社会的基本形态，也为许许多多美国之怪现状提供了解释。就拿媒体中经常报道的枪击事件来说，美国个人拥有2.35亿支枪，几乎平均每人一支。枪支泛滥，加上种族歧视与排外主义的刺激，致使美国连连发生枪击事件，多少有识之士多少次发出呼吁禁止枪支自由买卖，但他们的立法建议总为现实中的利益集团（即全国枪支协会）和历史传统力量所推翻，悲剧始终在重演。究其根源，在这方面，枪支协会对美国国会有着巨大影响，而且历史传统也一时难以更改——因为在反击英国殖民统治时期，美国人的祖先们养成了佩带枪支以反击殖民统治的传统，其后一代代传下来，成为现今美

注

① 贝拉：《心灵的习性》，第64页。

国社会的一大隐患。

综合美国文化的发展历程可以看出，多元性、现代性、国际性分别是美国文化发展的三个主要时期（欧洲化、美国化、世界化时期）所表现出来的主要特征。这三方面特征在今日美国社会生活中都得到了不同程度的显现，是致使美国文化活力四射的三股源泉。当今种种美国文化悖论都可从中窥视其历史根源。

美国文化悖论的历史根源

在欧洲化时期，移民美国的清教徒们往往自认为是开拓北美大陆的“上帝的选民”，要在这块新大陆上建立起一座照亮世界的“山巅之城”，这就是美国文化中 “天赋使命”神话的根源。

同时，欧洲化时期也埋下了美国文化战争的种子。“当代美国的文化战争是从百年之久的宗教张力之中发展出来的，即通过美国宗教多元主义的扩张与重组。”[①]而美国宗教上的多元现象从殖民地时代就开始了。从文化上讲，美国是个“基督国家，也就是新教徒国家”，但“泛新教”在美国文化中的霸权也遭遇挑战。1830年以后，天主教和犹太教移民的拥入使美国的宗教信仰不再“平衡”。天主教和犹太教移民强调自己的传统文化，“显示出非盎格鲁—撒克逊人的特征”，还注意信仰的神学和宗教特色。美国文化的主流多元之争首先是从美国社会这三大信仰内部开始的。从表面看，所谓保守派、进步派的世俗政治色彩都很浓，其实也是先从宗教信仰内部分裂出来的。

注

① 参见【美】J. D. 亨特著，安狄等译：《文化战争：定义美国的一场奋斗》，中国社会科学出版社2000年版。

随着多元化的扩张，美国人最终接受“美国文化是新教徒、天主教徒和犹太教徒相互影响的产物”的说法。“圣经一神论”成了美国文化的黏合剂。可以说美国是建立在《圣经》文化上的国家。尽管晚近几十年美国宗教信仰成分越来越复杂，但美国的主流宗教信仰仍是围绕《圣经》的基督教、天主教和犹太教。

在美国化时期，美国更是成为寻求自由者的“希望之乡”，自由女神像成为美利坚民族的象征。美国人不断扩张的过程，塑造了以开放性和实验性为生命力，以基督教传统、自由主义和个人主义为主要要素的美国文化。我国学者朱世达认为，“美国文化发展到爱默生，真正实现了本土化，也就是说，在美国本土，在这么一个移民国家中，真正有了自己的，具有自己鲜明特色的美国文化。”[①]他还认为，美国文化就其本质而言是一种进攻性的文化，美国崇尚爱默生式的个人主义，崇尚个人追求幸福的权利。

但是，在美国不断接纳外来移民的过程中，社会构成的变化也导致了美国社会文化中身份与认同的悖论与危机。近十年来，多元文化主义在美国兴起，其宗旨是为少数种族，如黑人、拉丁裔、亚裔等在政治、社会与文化生活中争取与盎格鲁—撒克逊清教徒后裔享有同等的地位。多元文化主义产生的动力与少数种族人数在美国人口中的激增紧密相连，多元文化主义的挑战因移民潮的冲击而日益加剧。

在美国，种族迫害、种族隔离、种族分校、种族分医、种族分乘公共交通

注

① 朱世达：《当代美国文化》，社会科学文献出版社2001年版。

工具、禁止种族间通婚等问题至今仍然存在。例如美国长期拖延批准《防止及惩治灭绝种族罪行公约》和《公民权利和政治权利国际公约》，只是在民权运动以后才开始发生变化。但从本质上说，白人与有色人种之间的隔阂仍然根深蒂固，这种悖论是对美国追求普遍人权的一种讽刺。这种文化悖论的存在，是美国在人权问题上采取双重标准的深层次的文化根源。

在世界化时期，随着19世纪末、20世纪初美国成为世界性的大国，尤其是二战结束以后成为世界首屈一指的超级大国，美国文化在经济上最集中的反映就是美国式的自由资本主义和政治上的霸权主义。美国的霸权主义带有浓厚的宗教色彩，它以自己的自由、民主、人权的标准为其驱动力，以向外输出其制度与价值观念为其“天定命运”，构成美国政治文化的鲜明特点。美国式“输出民主”和“人权外交”等文化扩张主义，其暗含的前提是美国制度是人类的楷模，具有共性；而同时，美国政治文化中有很强的“美国例外论”色彩，体现出美国人傲慢、霸道、自以为是的民族性格，其隐含的意思是美国是世界上独一无二的国度，具有独特性，这就与美国在世界上推广其独特性产生了矛盾。美国文化中个性与共性的悖论在全球化时代表现得尤为明显，突出反映在全球化与美国化的关系悖论上。

所谓“美国例外论”，是指那些把美国和其他国家区别开来的显著特征。它们包括美国拥有一套特殊的政治及社会价值、它独特的历史轨迹、诸制宪结构的特异性，以及它们影响决策的方式。其实，美国人所称的例外性本身并不例外，只是美国人自我形象的原初假定，正如美国史专家王立新教授所评论的那样——

美国人自我形象的核心是“美国例外论”，这一思想在美国建国之初就已形成，在一定意义上成了美国人深信不疑的“公民宗教”。

美国人在很早的时候就认为美国是一个独特的民族。美国独立战争前，这种独特性来源于宗教上的优越感。正如上文所述，早期清教徒为了摆脱欧洲的宗教和政治压迫而漂洋过海到达北美大陆时，他们就自信自己是上帝的选民，北美是上帝赐予他们的一块净土，远离欧洲的专制、狡诈、腐败、堕落和无休止的争斗，他们要在此建立一个“宗教理想国”。美国独立后这种优越感转移到世俗方面，美国成为有别于欧洲君主专制社会的共和国，它声称要摒弃欧洲的君主制、贵族制、等级制、贫富分化和阶级冲突，“宗教理想国”演变为一个世俗的理想国。当成千上万的欧洲移民逃离欧洲的压迫和贫穷，在美国找到了他们向往已久的机会的时候，美国人认为，整个世界最终采纳民主制是不可避免的，美国的经历就是一个极好的样板，美国负有传播自由与民主的特殊使命。

伴随这种独特性产生的是一种“道德优越感”。很多美国人认为不能用衡量其他国家的标准来衡量美国，而必须用一套完全不同的标准，美国对外所扮演的角色与其他国家也是大不一样的。欧洲攫取海外领土是为了征服，而美国攫取海外领土并不是帝国主义，“美国将功赎罪地以善良的方式照顾这些不幸者”。美国人被告知，1898年美国对西班牙宣战是为了把古巴从西班牙“屠夫”的残暴统治中拯救出来。而第一次世界大战中，美国从中立转向参战是为了“使民主更加安全”。第二次世界大战后，美国的这种独特性的自我认知促使美国要承担所谓的“世界责任”。早在1927年，参议员海厄姆·约翰逊就曾这样说：“在其充满鲜血和征服的肮脏国际生涯中，欧洲国家从未有过一次理想主义的、利他的和无私的国际行为。”言外之意，只有美国是无私和利他的。直到今日，美国仍然宣扬自己是“例外的”。一位美国政治家曾这样说，“在人类历史上从未有哪一个国家扮演承担世界责任的角色但却不是为了保卫和维持一个世界帝国。我们发现我们在世界历史上处于一种独一无二的地位。”一位学者曾这样概括美国对自己外交行为的评价：美国是清白无辜的，美国是乐善好施的，美国是例外的。美国的自我评价与别国人对它的看法可谓有天壤之别，但这却成为支持“帝国梦”和“领导世界”的理由。

美国例外论和道德优越感还导引出一个灾难性的“理论”：目的总是能为手段提供合法性，尽管美国也经常使用不道德的手段，但都是可以原谅的，因为“美国的事业是高尚的，它的心灵是纯洁的，它的愿望是好的”。这一“理论”为美国在追求帝国目标过程中的横行霸道大开方便之门，为美国在“自由”的名义下侵犯他国的自由找到了借口。①伊拉克战争对此做了很好的诠释。

总之，美国宗教文化的“多元－主流”悖论、社会文化的“身份－认同”悖论、政治文化的“共性－个性”悖论都是在美国文化发展的各个时期逐步塑造的，这些成为美国文化特色的来源，也不断经受着时代的考验，成为我们认识美国和中美关系“软层面”的重要窗口。

美国的强大源于“合众为一”。美国多元文化的形成的确是人类历史的一个奇迹，产生出美国折射世界的幻觉；但是，将美国等同于世界，将源于世界的美国文化浓缩成美国领导意识推广至整个世界，使美国不断脱离世界，乃至危害世界的多样性自主存在，产生种种悲剧。

悲剧源于美国的意识形态。正如美国谚语所言，“做正确的事，然后把事做正确”。“如果我们认为某件事很糟糕，如果我们有权力去制止这件事的发生，那么我们就有责任去制止，防止后果的发生。”美国是意识形态浓厚的国家，美国人的特殊命运和使命观，让我这个东方文明古国的研究者总是难以接受。

其实，合众为一只是美国立国者的政治理想。我的印象中，美国仍然是黑

注

① 王立新：《美国人怎么看世界》，《环球时报》2002年4月15日第3版。

白分明的世界，融合中的分裂，心理上的隔阂，经济收入上的差异，向来没有导致消灭种族差异，摈弃种族歧视的地步！在罗德岛州，很少看到黑人，难怪人们说这里是有钱白人的疗养胜地。车子停在房前，门敞开着，我正准备拿自己的包进屋，主人却不解地问——为什么要拿回家呢？这里的人绝不会想到去拿车里的东西！果如其言，不就是《礼记》中描写的“大同世界”了？车子开回纽约市，还没有进入哈雷区，你马上就会清醒过来。因此，所谓种族融合也只是个神话。

没去过美国，总认为美国与中国什么都不一样。于是多数人去美国是为了猎奇。另外一些人则带着在国内的缺憾，去美国寻找完美的感觉，甚至得出美国的月亮比中国圆的结论。我的美国妈妈就戳穿了种种关于美国的神话，尤其是妇女解放的神话。

故事二　我的美国妈妈

耶鲁与纽黑文即美国多元社会的一个缩影；而住在北纽黑文的我的美国妈妈则是美国家庭的代表。

耶鲁大学位于康涅狄格州纽黑文市（New Haven）。和许多留学生一样，初来乍到，竟把“New Haven”误以为是“New Heaven”，于是怎么也不觉得这里称得上“新天堂”！我住的Temple Street(“庙街”)因为教堂林立倒还名副其实。然而也庆幸自己的“第四故乡”竟是“新天堂”——以前学习工作过的上海、天津 作为“第二、第三”故乡，现在看来只能是“旧天堂”了。后来我参加当地华人一教会——“新港华人浸礼会”活动才知自己原来住在“新避难所”而非“新天堂”。仿佛有了罗素的感觉。①

耶鲁选择了纽黑文，有人说是遗憾，有人说是幸运。校长Richard Levin（理查德·莱文）把这种处境描述为“New Haven is large enough to be interesting and small enough to be friendly”（纽黑文足够大而有趣，足够小而友善）。的确，纽市是一座小城，但在康州也算一座比较大的城市。近十个月的生活犹如解剖麻雀，是对美国社会文化的一次很好的亲身体验。这为我今后从事美国研究提供了直观的、真实的感性基础。

我到美国的第二天傍晚，要去超市购买生活日用品。我与同项目的另一位中国学生一道在市中心逛了半天，听说有家叫K-MART的超市最便宜，可怎么打听也找不到，问别人都说是开车去的，于是只好麻烦警察。与大街上值勤的警察简单寒暄几句后，几个警察争着帮助我们，带我们去打听路线，一边走，一边拐弯抹角提及哪个亲朋

注

① 罗素有句名言：“有三个简单的理想支配了我的一生：对爱情的向往、对知识的渴望和对人类苦难的同情。对爱情的向往和对知识的渴望常常将我引入天堂；对人类苦难的同情又把我带回到人间。”

好友去过中国或与中国有什么联系。其中一位年长的还领我们去一家买二手货的店铺，可惜已关门。打听没有着落，有个警察一招手示意我们上他们的车。开始我们以为是带我们去公交车站，上去以后才知道两个警察要用警车把我们直接送到那个超市。等我们下车后，他们问我们购物需要多长时间，我们答道“一小时足矣”。于是一小时后，他们又开车来接我们，一直送至住处。当时已经八点多了，他们则早已下班。我们深深地体会到，“还是人民警察爱人民！”

此后不久第二次去K-MART又遇类似待遇。去时乘公交车，回来在车站候车。遇见一黑人（美国现在称African-American)，便与之聊了起来。听说我是耶鲁的，他即给我亮了耶鲁的证件，说是耶鲁的清洁工，另外还干了两份工作，因为“养家不易呀！”而我只是告诉他我叫“David”。谈及克林顿，他认为像克氏那样的丑闻在美国很普遍，只是因为他是总统才被热炒。我说莱温斯基并不漂亮，克林顿为什么喜欢她？他只是笑着说：“她年轻，伙计！”一会儿，一辆越野车停在前方，他过去探头跟驾车者嘟囔了几句，便招手让我过来。我空手走近，他却让我带上东西，示意我上车。我一犹豫但还是不想拒绝，想想他也是耶鲁的，还是免于提那么多东西乘车、下车后又要走一段长路的好。一路上只是以表面轻松的聊天来驱散我内心的紧张。又是晚上，真担心被劫持。开车的是他妻子，看来不大高兴。旁边坐着他女儿，本来就长得黑，又是晚上，一点也没看清长得什么样。一路上忐忑不安的心直到安全返回时方才松了一口气。可见种族误解何其深，真不该不信任无产阶级！

纽黑文市黑人较多，人种复杂，可算着美国社会的一个缩影；尤其是由于耶鲁大学的国际性，来自世界各个国家的留学生组成了一个小“联合国”。我住的研究生宿舍便是这一小“联合国”的缩影。客厅里、厨房间，人们用各种语言交谈。当然，中文还是听到最多的语言。经常遇见连我这个学国际关系的都不大清楚地球上有这么个国家、或在地球上哪个角落来的学生。

2001年暑期，两名耶鲁研究生合写的论文，揭露了历史上耶鲁与贩奴制的关系，颇让耶鲁人和美国人尴尬。说的是耶鲁两个世纪前曾接受过支持贩奴制和从事贩奴勾当的人的捐款，因而历史不干净。想来美国还是敢于反思和检讨的民族，这种事儿也没有像有些人考虑的那样为维护名声而隐瞒。大概是一方水土养一方人吧！

在美期间，我还通过“Host Family”计划，经常去美国一个家庭做客，感受到普通美国人还是对中国抱有一种宗教式的友好与善意，没有媒体的歪曲与歧视报道，美国人的中国观会更加符实和友好。在许多美国家庭中，至少有一个有四条腿或毛茸茸或长羽毛或带鳞的成员。它在家庭中的地位不比两条腿的人次要。在我美国妈妈家果然体会到这一点。这家主人是波兰人后裔，每次晚餐前，所有人手牵手先做祷告。女主人像中国母亲，在厨房忙个不停，男主人则陪客人聊天，他喜欢收藏各种火车、铁轨模型，都摆在地下室里。每次接我经过火车站时，他都要停下来欣赏一下火车的“隆隆”声，一路上很自豪地介绍地名的来历，那些地名大多以独立战争期间一些军人的名字命名。这家主人来过中国，给我们展示去中国时的照片，其中竟有一张无马桶蹲位厕所的特写，真是“他怪我不怪”。我则奇怪美国横过马路时，车子从来是让人的，总是看到车里人向我招手示意我先过。看电视方知，美国并非如我们分析的那样一天到晚搞霸权主义、想征服世界。老百姓更关心身边的切身利益，普遍重视家庭。媒体报道常常为鸡毛蒜皮之事而喋喋不休，电视节目也很干净，国际方面除中东局势外，老百姓并不怎么关心（但对中国例外，媒体中有关中国的新闻每天不断，尽管以负面为主）。这与我想象中的美国相去甚远。

看来，所谓美国是世界霸权，美国公民也就成为世界公民，完全是一种神话。

然而，美国母亲也的确有中国母亲不能比拟的自立和泼辣。“反战母亲”辛迪·希恩就是这种美国母亲精神的杰出代表。当她的儿子凯西在伊拉克战场上阵亡的消息传来，希恩发誓要敦促布什政府尽快从伊拉克撤军。于是，她参加并组织了全美反战游行示威，并在布什总统位于得克萨斯州的农场门外支起了一顶帐篷，要求布什就伊战和她儿子的死做出解释，希恩的立场立即赢得了美国民众的支持。希恩将人性的一面注入到了反战的行动当中，这使她在本来就不支持伊战的美国民众心中引起了强烈的共鸣。据说，她的传奇经历将在不久之后被搬上银幕。

许多美国人从世界各地收养了成千上万的孤儿，我的美国妈妈就是其中的一位。她收养的两名朝鲜战争的孤儿，如今已是两个孩子的父母。他们的孩子一个读高中，一个读初中，都已成为地地道道的美国人。还有许多美国议员，包括2004年参选的克里参议员都收养了不少中国孤儿，可以想象，其中扶养工作主要是由像我的那位美国妈妈一样的母亲来做的。美国母亲，一方面培养了征战四方的美国大兵，另一方面也以善良的举动谱写了一曲曲人类的赞歌。美国人的道德行为，要与美国的对外干涉和使用武力的不道德行为区分开来。

就算对待国内孤儿，美国母亲的善举也折射了伟大女性的博爱。爱心妈妈玛莉莎的事迹一经媒体报道不知感动了多少人。玛莉莎是美国佛罗里达州一个

寄养家庭的妈妈，从15年前开始收留来自问题家庭的孩子，15年来她的爱心和付出让上百名孩子享受到家庭的温暖。玛莉莎说："每个人活在世上都有一定的使命，而我存在的意义就是要照顾无法获得安全美满和快乐家庭的孩童。"小镇居民受到了感动，因此自发地用了11天的时间帮她整修房屋，其中一名志愿者表示，"每个人都有所贡献，我看到有志愿者帮忙整理垃圾、有人顶着高温在屋顶忙碌着，这个工程意义非凡。"

就是这种博爱和志愿者精神完全改变了我对美国的印象——美国的国内政治和社会情形，也很难用所谓的外在的霸权来描述。美国的魅力与可爱仍然在其民情。在敬老院做志愿者的经历，让我体会到美国人的另一面。

故事三　我在敬老院做志愿者

美国人的立国精神有二，一是相信人民完全有能力自我管理；二是每个国家都有权利选择自己的政治形态。这两大精神恰巧反映在美国人不愿意以军事力量干预他国内政的态度上。后来的领导情结，大概是国力增长导致天定命运情结发酵的缘故吧。

美国人自我管理的能力的突出表现是其志愿精神。志愿精神已经融为美国文化的一部分。大多数美国人认为，鉴于自己所享有的自由，他们有义务回馈社会。据统计，2006年有6100万美国人自告奋勇地为慈善组织及全国服务性机构工作，其中包括通过和平队（The Peace Corps）及繁荣志愿者（Volunteers for Prosperity）等组织参与海外志愿者工作。布什总统呼吁美国人在一生中至少为社区奉献两年（4000小时）的服务。[①]西点军校有雷锋雕塑，说的其实是雷锋式志愿者精神。

为响应纽约总领事馆搭建中美友谊桥梁的号召，我也参加了志愿者活动，每逢周末去纽黑文市西北角的一家敬老院Whitney Center陪老人聊天、下棋，我从那里第一次知道Bingo来自于类似我们的五子棋！敬老院设施很好，就是人手不够，无人搭理的老人常常性格烦躁、发脾气。因此，需要我们这些老外来帮助他们消磨时间。也许是人之将死，其言也善，这里的美国人没有对中国的偏见。看见我们一些去过中国的老人便愉快地回忆起中国来。其中一位还是飞虎队的成员，我们对他特别尊敬，如果他身体再好点，真应该邀请他来中国访问。敬老院中大部分都是九十多岁的老人，其中一位101岁的老太太还很健康，在她介绍自己时旁边一位九十多岁的老太太也沉不住气地说出自己的年龄，而轮到后者自我介绍时却说不要问她年龄——却忘了刚才自己抖搂自己岁数这茬儿。

既然是志愿者，就是不拿薪水的。不像我们有些时候打着志愿者的旗号，其实有变相好处费。我的一个美国朋友谈起对金钱的看法时，告诉了我两条美国谚语：一是“Money talks”，意思是金钱有发言权；二是“Money is a good servant（钱是好仆人）but a bad master（但却是个坏主人）”，意

注

① 《义工传统是美国文化的一种精髓》，美国国务院国际信息局《美国参考》2007年2月28日。

思是人要支配钱，不要让钱支配人。

“……志愿主动精神有助塑造美国国民性格。”[①]历史学家、普利策奖得主默尔·科蒂（Merle Curti)说。的确，按志愿者占总人口比例和慈善捐赠的规模，美国是世界上独一无二的国家。据美国驻华大使馆出版的《交流》杂志2002年统计，13岁以上人口中的一半每周平均志愿服务四个小时；每四个美国公民中就有三个是慈善事业的定期捐助者，每年每个家庭的捐款超过1000美元。将近90%的慈善捐款来源于此。基金会和商业公司固然重要，但其捐款仅占总额的10%。各收入层的人都参与其中，较低收入的捐款者往往比较富有者更为慷慨。

宗教社团是美国志愿者组织中的一支重要力量。志愿行为显然是从个人做起的，即《圣经·新约》所说的为人准则和伸出援助之手。上亿的美国志愿者参与了广泛而非同寻常的服务和充满同情的活动。他们通过提供信息、抗议、协助、教育、医治、建造、倡导、抚慰、作证、支持、恳请、捐助、游说、示威、指引、喂养、监控等多种途径和其他方式为民众、社区和种种事业服务。

志愿者们组织起来，为所能想到的人类生活的各方面服务。他们也愿意对几乎所有的公共事务公开表明立场：他们反对在城市变更分区、核准债券事务、改进垃圾收集、揭露漫天要价、推行平等权利，或者抗议战争；积极发起“肯定性运动”（Affirmative Action），在对待妇女权益、资源管理与保护、学习障碍、冲突解决、拉美裔文化与权益、老年人口、选民登记、环境、土著美国人、濒死群体、实验戏剧、国际沟通、人口控制、邻里权利、核武

注

① 《美国的志愿精神》，《交流》2002年第2期。

器控制、消费者权益等诸多问题上，志愿者的利益和影响覆盖了从社区到臭氧层，以至于宇宙空间的方方面面。

如此的积极性和慷慨从何而来？一种典型的说法是，这归功于美国的新教伦理和英国先祖。宗教的力量的确导致美国人成为世界上最喜欢参加各种各样非政府组织的国民，对政府的不信任又加大了宗教的影响。然而，它们尽管重要，也只是众多根源中的两个。对志愿行为最根本性的解释中，有一个集中在信仰的表达和对这种自由的维护上。其实，群众团体是邻里服务的主要提供者。据我的观察，越是贫困的社区，其邻里服务的作用和影响就越大。

然而，志愿者行为折射的是作为社会而非国家的属性。换言之，尽管有不少美国志愿者和非政府组织活跃在世界各地，但美国政府组织的援助项目仍带有明显的现实考量和美国情结。志愿者视社区为家园，多数美国人却并未视世界为地球村，而是将之视为美国领导的对象。美国是内外有别的国家。这就是为什么美国对内行民主，对外行霸道的原因。美国社会神话并不等于美国国家神话。

不了解美国人、美国社会、美国国家行为方式、思维理念的差别，便很容易神话美国，将美国人的神话、美国社会的神话等同于美国神话本身。但是，塑造美国神话的是美国人和美国社会的必然因素。这就是矛盾的关键所在。

美国社会是个大杂烩。政治体制上，美国是个混合政体，既有帝王般的总统，又有三权分立的现代架构，更有某种直接民主味道的代议制民主形式，尤其体现在其选区、众议院设置上；外交政策上，残留帝国思维——像古罗马帝国那样崇尚武力、先发制人，具有战争偏好（前主权国家思维）、门罗主义昭示的美洲霸权体系犹存，兼以联盟（主权国家思维）辅佐，地缘政治思想丝毫未丢，同时还热衷于后现代的东西并努力将之应用于美欧关系实践。

美国还是个移民国家，内政与外交高度融合，国际矛盾常常反映在国内。这使美国国内和世人无论从哪个角度去理解、批判美国似乎都有道理——如果这还只是个片面的问题，更严重的是想象化的美国、被妖魔化的美国——这是神话美国的又一表现，它致使美国的所作所为，人人都可以说三道四，这与至今仍带有孤立主义、保守主义冲动的真实美国相去甚远。

美国人的思维方式也决定了美国必然会被神话。米尔斯海默在《大国政治的悲剧》一书中写道："美国人基本上是乐观主义者。无论是国家抑或国际层面的进步，他们都视为既可遇亦可求。美国人的信念是，假以时日和努力，埋智的个人可以联合起来解决重要的社会问题。"①这与美国如何建国的历史密切相关。

我们知道，美国始创于1776年，当时它只不过是一个弱小的邦联，由沿着大西洋海岸线的13个殖民地拼凑而成。在此后的130年里，美国领导人的首要目标是获得国家所谓的"天定命运"；而美国民众笃信"美国例外论"。美国人特有的思维方式产生出诸如"历史的终结"和在世界上以推广民主为目标以实现美国的秩序安排，美利坚民族的自由主义心理一直在驱散现实主义的诱惑。《大国政治的悲剧》还写道："很难想象一个现代政治领导会公开地要求其国民为改善均势而拼死一战。不管是欧洲还是美国的领导者在世界大战或冷战中都没有这样做。大多数人更愿意把本国与敌国间的战争看成善与恶的较量，认为自己站在天使一边，而对手与恶魔为伍。因此，领导者常把战争描绘成一场道德十字军讨伐或意识形态之争，而不是为权力而战。"②

在对伊动武的辩论中，布什政府所思所想是伊拉克的政权更替，而他们认为只要干掉萨达姆就可以实现这一目标。因为在美国看来，伊拉克是非常专制的国家，美国不惜动用暗杀等手段达到这一目标。《大国政治的悲剧》中分析了美国的心理："暗杀政治领导人的行动是一个简单的战略。……这一战略是基于根深蒂固的美国信念：敌对国家本质上是由其邪恶政府控制的仁慈民众所组成。他们认为，除掉邪恶领导，善意的力量就会占上风，战争也将很快结束。"

注

① 米尔斯海默：《大国政治的悲剧》，第23页。
② 同上书，第22页。

当然，国际社会是不会和美国人一样幼稚的。他们倾向于把美国作为正常国家而非例外国度来现实地理解美国。这就造成——美国式的自由主义在神话美国，而国际上的现实主义对美国的理解又将这种神话涂上了带刺的光环。

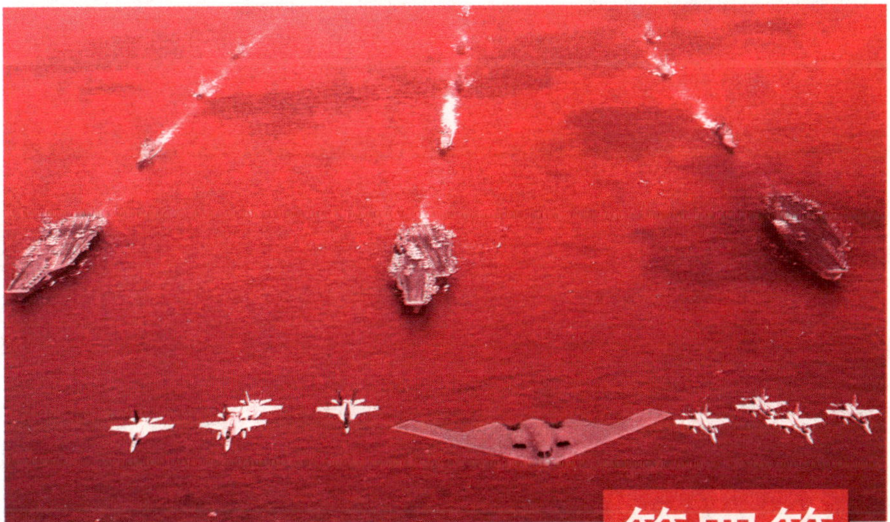

第四篇

聆听美国：如何打破美国神话？

人类是需要神话的，美国就是全球化时代的国家神话。

——作者

The Mythed America 4

的确，时代是需要神话的，时代也在塑造神话。美国就是全球化时代的神话。美国神话既包括前面几章讲的“被神话的美国”，也包括接下来要说的“美国的神话”。让我们来聆听美国是如何打破美国神话的。

在美国生活的一大体会是，要么一辈子做坏人，要么一辈子不做坏人。做坏人就是犯法吧。美国健全的法治传统使得普通美国人不存在侥幸心理，没有占小便宜的冲动。原因很简单，富裕而稳定的社会基础和对未来的乐观预期使得美国人养成了寅吃卯粮的习惯，信用卡便如影随形，而你的信用记录决定了你能否申请到和申请多少金额的信用卡，任何不良记录不仅伤害你的信用等级而且增加你的人身和财产保险费用。此外，办信用卡得有社会安全号，在美国居住半年以上才能申请到社会安全号。

在美国，每个人都有一个“社会安全号”SSN（social security number），这个安全号可以把一个美国人一生几乎所有的信用记录串在一起，包括个人的银行账号、税号、信用卡号、社会医疗保障号等都与之挂钩。自20世纪30年代美国成立社会安全管理局后，联邦政府下令，所有合法公民和居民必须持有有效社会安全号，该号由国家社会安全管理局统一赋予。只要把某个人的社会安全号码输入全国联网的计算机，任何人均可查到自己的背景资料，既包括年龄、性别、出生日期等自然状况，也包括教育背景，工作经历、与税务、保险、银行打交道时的信用状况，有无犯罪记录等等。如果一个人有过不良纳税记录，那么这一记录将永远伴随着他，当他去求职、买保险、买

汽车、开公司，几乎无论他做什么，无论他到哪个州，这一污点都无法抹去，他将因此而四处碰壁。

在美国，社会安全号码就如同中国的公民身份号码，但似乎比我们的身份证号更管用，每人只有一个，并且终身不变、终身使用。美国是个联邦国家，即使是作为"身份证"的驾驶执照也是每州不同。所以唯一跟着你一生不变的，唯有社会安全号。很多学校拿此来做学籍号码。没有它，你只能算是一个社会边缘人，用不了多久，你就会明白许多东西你必须有社会安全号才能享受到。

美国人极其珍惜自己的信用和守法形象，像酒后开车这样的事情，一旦被警察发现记录下来，就会载入你的“社会安全号”档案里，下次买汽车保险会被多收费，申请新工作时得先注明过去的过失。你的一切违法行为都会被记在“社会安全号”里，伴你一生。在纽约，我问一位投资顾问“在美国欠债不还怎么办”，他听了很吃惊，说“那是不可能的”。首先，私人和私人之间基本上是不借钱的，要借钱可以找银行，只要你有信用，银行会借给你。所以一般美国人就算有钱一次性付款买车，也会分期付款，为的是建立个人信用，以后买房时能贷到款。其次，公司和公司之间，做生意的前提就是请穆迪、邓白氏这样的企业信用评估公司调查对方的信用，如果你在欠债不还的“黑名单”里，那没有谁会跟你做生意。最后，还有法庭的处理。外国访问学者回国前的一大事情就是跟电话公司联系，将end bill（最后账单）寄到朋友那里，先预支一笔钱在那里代交。道理很简单，你逾期不交钱，个人记录就有污点，将来想再到美国访问，签证都拿不到。

“如果人都是天使，就不需要任何政府了。如果是天使统治人，就不需要对政府有任何外来的或内在的控制了。组织一个人统治人的政府时，最大的困难在于必须首先使政府能管理被统治者，然后再使政府管理自身。”[①]美国立国先贤的话，清楚地表明塑造美国神话的首要是美国政府。

美国并非人们想象中的自由市场经济社会，恰恰相反，政府的有形和无形的手始终在塑造和强化着美国的信心。美国神话的国内基础首推美国的信用制度和信仰体系，其次是美国人的个人品质。我在美国的缴税经历和教堂活动让我体会到，在美国为什么贪污是一件很难的事。然而，美国神话，也有作秀的一面……

故事一　我在美国缴税

“人生只有两件事情是注定不变的，人是会死的，而活着就得缴税。”这句话我到了美国才有切实体会。常常看到商店里的日用品很便宜，一结账，总是比估算的高出6%左右，一开始还以为是售货员的粗心，后来才知道商品标的是税前价。缴税成为日常生活的一部分，缴税意识也就深入人心。常常听说，逃税会让你倾家荡产，不过公司也可以进行合法避税，但是一定要请专业人士帮忙。我的缴税经历果然让人体会到它的烦琐。

为了填缴税表，耶鲁大学地区与国际研究中心福克斯项目协调员布兰·卡特先生召集我们开了三次PARTY。因为美国的报税表（1040表）极其复杂，要弄透需要花大量时间研究。

注

① 【美】汉密尔顿、杰伊、麦迪逊著，程逢如、在汉、舒逊译：《联邦党人文集》，商务印书馆1980年版，第264页。

说是退税，实际上是报税。如果交的不够还可能补税。据介绍，[1]美国的个人所得税分为联邦税、州税、市税等，这有点类似于我国的国税和地税。联邦税计税方法全国统一，州市税则由各州自定，各不相同。极少数州没有州税（比如得克萨斯州）。其中联邦税占大头。

计税方法和我国最大的区别是，美国个人所得税（指联邦税）是按年收入计算，不是按月收入计算。也就是说，按你一年总共收入多少钱计算你一年应缴多少税，而不是按你每个月收入多少钱计算你每月应缴多少税。这让我想起了国内很多公司实行的季度奖和年终奖制度。按理说，季度奖和年终奖分别是一个季度和一年的劳动所得，不是一个季度或一年的最后一个月的所得，只是在一个季度或一年的最后一个月发放而已。如果季度奖和年终奖按一个月收入缴税，无疑对纳税人很不公平，而以前很多公司就是这么交的。这个问题直到近年才由国家税务总局发文解决。按照美国的计税方法，则不存在这个问题。

具体操作的时候是这样的：雇主每月也会代扣一部分税款。一般拿工资的职员，第二年初会收到雇主的一张表，叫 W-2 表。上面有你一年的总收

注

① 参见密西根华人网《美国报税基本知识》。

入，一年的总代扣税款，以及医疗养老保险等。如果你有 N 份工作，那就有 N 份W-2。如果有其他收入（比如股息、红利等），也有相应的表格。有些收入要自己填表申报的，这就靠自己自觉了。

每个人根据上述文件和当年的Tax Guide（纳税申报指南），填写1040表后寄给国税局(IRS)报税：先计算出自己一年的总收入和一年的总代扣税款，然后查阅当年的纳税申报指南，扣除减免部分，得出应纳税收入，再根据应纳税收入查出（或计算出）你一年应该交多少税。和已代扣税款总额比较，如果扣多了，在1040表上注明，向国税局(IRS)申请退税，IRS会在90天内把支票寄给你；如果扣少了，自己开张支票，和1040表一起寄去。如果逾期 IRS 会加收罚款和利息。

比较简单的总结一下就是：不管你每个月被先行代扣了多少税，反正，年底每个人都要来个“算总账”。多退少补。

我在北美的一个中文网站上看到一篇文章《我在美国当大陪审员》。此文作者是一位加入美国国籍的同胞，有幸被抽到大陪审团充任陪审员四周。在他担任陪审员的最后一天，区检察官亲自到每间陪审团室来向大家道谢，感谢大家为美国司法制度做出的努力。他说：“世界上没有一个司法制度能做到绝对公正，但是，美国司法制度尽可能做到公正。美国的司法制度之所以能够做到这点，是由于你们的参与和努力。”①

美国政府把个人所得税搞得这么复杂，而且花这么大的人力物力去逐一处理 4亿多份报税资料，是因为和司法制度一样，美国的税务制度也在尽可能做到另一种公正——那就是：税负公平。这也许正是我们缺少的。

美国人把宪法、橄榄球和爵士乐看成“上帝赐予的三大礼物”，宪法是保护人民自由之法，宪政是限制政府权力之政。在美国国内，政府权力被横着竖着切得七零八落，还要时时受到新闻媒体和社会团体的压力；而社会上的

注

① 江月：《我在美国当大陪审员》，美国政治与法律网2005年8月4日。

犯罪嫌疑人却享有许多宪法保障的权利，聆讯时有权保持沉默，有权要求律师在场，如果没钱请律师，政府还要为他们提供法律服务。为什么会出现这种“怪现象”？在20世纪前30年担任美国最高法院大法官的霍尔姆斯的一句话让我回味无穷：“罪犯逃脱法网与政府的非法行为相比，罪孽要小得多。”

的确，美国政府对本国人民不能说不犯法，但至少说是少犯法；只是相对于美国政府对外国人的犯法行为相比，罪孽就显得小得多了。美国政府对哪些国家的人民犯法呢？

美国政府在第二次世界大战后支持过一大批国家的专制政权，中国人最熟悉的莫过于蒋介石政权；另外还有臭名昭著的韩国的李承晚、朴正熙政权；越南的吴庭艳政权；朗诺、苏哈托、马科斯、佛朗哥、索莫查等一大批专制者，通过这些政权对本国人民犯下的罪行，美国政府间接也侵犯了这些国家人民的权利。至于美国直接对外非法动武，更是赤裸裸的犯罪。近年来美国发动伊拉克战争，多少伊拉克人民生灵涂炭？美国政府长期制裁古巴、朝鲜，导致两国人民缺医少药，许多人因此而死去。这里面或许有本国政府的政策原因，但美国的制裁要么强化了当局政策，要么给这种情况火上添油，更可笑的是，为政权更迭章法，或败坏其国际形象，美国却倒果为因地追究他们的人权状况。

美国政府的国际犯法行为，究其原因，除了美国外交政策受利益集团主导、并不时受到国内政党斗争的干扰（尤其是大选年）等因素外，更重要的是美国领导人奉行本国利益至上原则，从内心世界区分“他者”和“我们”，以分裂的世界观而非从整体世界福祉出发，尤其是不能设身处地为他国人民着想，动辄以民主、自由、人权为借口敌视一些被美国列为“无赖国家”的政府，伤害其人民。因而，外国人民的利益常常成为美国外交的牺牲品；在这一过程中，美国政府也就有意无意地对这些国家的人民了犯法。

因此，所谓民治、民有、民享，对美国民众是巨大的安慰；对外国民众来说则更多是可望不可即的神话了。

就是这种民治、民有、民享，也并非无条件的。条件之一，是要成为美国公民，或持有美国绿卡，最起码也要有社会安全号；否则，美国的好你只能是外行看热闹了——比如，常常听去过美国的人说“在美国购物最大的感受就是有一种安全感、放心感，能真正体验到‘顾客是上帝’的感觉，能让人在购物中体会到乐趣”。其实，外国人是难以享受到美国社会真正的好处的。美国的一整套制度，初看不出，实际运作起来是极其歧视外国人的。比如说，在美国有许多免费电话，可是你用IP电话卡（prepaid calling card）打免费电话也要收钱，只有用家里座机或免费电话打才行。一开始我不断用IP电话卡打免费电话练习英语，没想到电话卡不久就用光，这才大呼上当。再比如，美国的大超市都有一月内自由退货的制度，就算你买了被子睡上不到一月不满意也可退掉。对方只是检查你有没有弄坏东西，并不问你退货理由。可是，当你去专门店买东西就要小心了。一次，我去买家具，明明讲是免费送货的，可是货送到家，愣是问你收取运送费。没辙。还有一次，租车去外地玩。先是不给租，说是要美国公民担保，我有信用卡和社会安全号也不行。后来找了个美国朋友帮忙，总算租给我了。说好一天29美元。可是当我两天后归还，信用卡硬是被划掉了一百多美金。一问才知道，保险费、汽油费之类都不在29美元租金里——可是老板当时就讲这么便宜的！就这样，美国社会处处是陷阱，远没有初来乍到陶

醉于美国大超市琳琅满目的便宜商品和各种各样促销措施的诱惑那么轻松，和享受无理由退货那么兴奋了。除非你成为美国公民，抱怨才结束，尽管新的抱怨又开始了。当然，成为美国公民，是许多人移民美国的梦想。然而，这要经历长期的“驯化”过程，也就是所谓的美国化过程。美国社会就是一个大染缸，将你来自世界各地的乡土气息涤荡干净，染成美国社会需要的一颗螺丝钉，镶嵌在美国大厦的某个部位。这就是美国。

华尔街的地标

条件之二，是要成为美国的有产者。竞选是有钱人的游戏，此话不假。候选人的能耐很大程度上表现在筹款能力上。最近些年，民主党的连连失利，比不上代表大公司利益的共和党财大气粗也是重要原因之一。其实，不只是竞选，日常生活也能体会到有产者和无产者的本质区别——美国的信用制度，的确是建立在有产者基础上的。比如，美国商场有一种回扣（Rebate）促销方式十分诱人，有的产品如光盘、手机等居然是全额返还。这种优惠方法好处多多。对商家来说：一是吸引顾客促销新品或出清过季、库存商品；二是可以降低促销成本。这是因为Rebate的金额首先进入厂商的账户，几个月后才会返给消费者；另外，许多消费者由于忘记申请、逾期申请或无效申请（资料不全）等原因，根本就拿不到Rebate。据统计，美国的Rebate返还成功率仅为10%。对政府来说则增加了税收，因为Rebate这部分钱也是要交消费税的。尽管如此，我还是想试试。一个标价100

美元的路由器如果按照Rebate付款，只要十几美元，条件是先付100美元，三个月后退回八十几美元。有一次我就在USA Computer店尝试了Rebate购物的好处。交上钱，填好申请书，等着退款。可是三个月过了却没有动静。于是打电话询问。被告知，必须把Rebate表格附上产品的计算机条形码（UPC)连同发票寄给制造商。可是当我找到这些材料时，已经错过最后寄出日期了。于是，再凭发票找店里销售员质问当时为什么不提醒我寄回回执的事情。对方就是不认账，最后无奈建议我将此货退掉，重新按照同一方式购买，这回还便宜了几块钱。回来后我马上把回执寄出。等一个月后，便迫不及待去询问。对方答复，你必须使用该路由器才行！弄得我一头雾水——如果我买来送人的呢？！后来明白，只要使用路由器就遭到监控——美国政府就这样通过经济手段监控非法移民，因为贪便宜通过Rebate方式购物的很多是刚到美国的人。等我拆开使用，好不容易熬到三个月，退款果然寄回来了——是一张支票。可笑的是，到处无法直接兑换这张支票。最后总算弄明白要转账到银行账户才行！而有银行账户的，已经是有信用记录的良民了。兜了一大圈儿，我终于明白，这是在驯化你成为美国良民，之前美国政府对你始终不放心。看来，美国的好处，享受是要付出代价的。真实的美国，远不是被神话的美国那般可爱。

当然，更基本的条件是美国社会本身能够撑起美国神话的大厦。就拿美国最重要的制度之一社会保障制度来说吧。“社会保障”一词，最早出现在美国1935年制定的《社会保障法》中。美国的社会保障制度由社会保险、社会福利、社会救济三部分组成，自上世纪30年代建立保障制度以来，已形成了庞大的社保体系。今天，美国400万人靠社会保障体系懒散度日，4500万美国人享受社会保障福利，还有数百万美国人正临近退休期。美国总统布什在2005年的国情咨文中大声疾呼，社会保障制度象征着两代人之

间的信任，如今正在走向崩溃边缘，需要进行明智与有效的改革。让我们来聆听布什在国情咨文中是怎么说的吧——

社会保障制度是几十年前的产物，是为一个截然不同的时代所设立的。那时，人们的寿命不长，其福利金也比今天少得多。半个世纪以前，正在向该制度缴款者和提取福利者的比例大约为16：1。

我们的社会发生了变化，其变化方式是社会保障制度的创始人没能预见的。在当今的世界里，人们的寿命更长，享受福利的时间也因此延长。而且在今后几十年中，福利数额将会急剧增长。过去，16人为一位受益者存钱，今天该比例已经降低至3：1。在今后几十年，该比例将降低至2：1。随着每一年过去，将会有越来越少的就职人员为越来越多的退休人员支付日益高涨的福利。

其结果是，到2018年，社会保障制度的支出额将大于收入额。此后每年的差额均将超过前一年。例如，在2027年，政府无论如何都必须额外提供2000亿美元才能使社会保障制度得以维持。到2033年，年差额将突破3000亿美元。到2042年，整个制度将消耗殆尽，乃至崩溃。如果不采取措施扭转这一局面，未来的出路只能是大幅度的涨税、大规模的新借贷，或者急剧削减社会保障福利或其他政府计划。

布什主张通过建立“个人退休账户”，对社会保障制度进行私有化改革。无疑说起来容易做起来难，美国两党、各种社会势力对此意见不一。如此庞大的工程，无论成功实施与否，动了美国人的奶酪都将极大改变美国社会的面貌。反过来说，如果美国的社会保障制度真的崩溃，后果不堪设想，恐怕要国将不国。

其次说说美国的宗教生活。在这个口口声声把上帝挂在嘴边的国度，我却始终没有感受到上帝的半点光芒。

故事二 上帝于我何加焉？

来美国之前早就听说宗教是美国日常生活中一个密不可分的部分，并影响到社会从政治到娱乐的方方面面。有鉴于此，每逢周末，教堂悠远的钟声总是把我召唤而去，以便一周一省吾身，去过华文布道的，也去过韩裔美国人的教堂，发现教堂还是交朋友、练习语言的好去处，却始终与上帝无缘——其实这就是大多数美国人生活的真实写照。

美国社会的道德基础是犹太－基督教道德。“从某种意义上说，教堂是公民美德的孵化器。”全国城市复兴委员会的威廉·A.高尔斯顿（William A. Galston）和彼得·莱文（Peter Levine）写道：“在美国，教会属下的团体是文明社会的支柱，涉及半数的美国人（在其他工业化民主国家，这一数字平均仅为13%）。宗教社团为人们捐款、接受援助、举行会议、为其他协会招收会员、获悉公共事务的信息提供了渠道……这些社团对于那些收入甚微、教育程度较低、也不打算加入其他团体

的人特别重要。民意调查显示，这类组织的成员往往与选举、志愿活动、慈善事业及政治活动相关联。”[1]宗教势力还左右了有关堕胎、安乐死等热门社会话题的讨论。

在美国生活期间，我时常为美国是发达国家中宗教色彩最为浓厚的国家这种说法感到惊讶。但是，有大量的证据显示，事实确实如此。

美国驻华大使馆编辑的《交流》杂志曾介绍说， 10个美国人中有9个信仰上帝并做祈祷，基督教的新教伦理对美国人的价值观有很深刻的影响。全美有1300家广播电台、36家电视台用全部或大部分时间宣传宗教。《圣经》成为畅销书，美国总统宣誓就职要把手放在《圣经》上，宾馆的案头常常摆放一部《圣经》。在军队里，海陆空三军都有随军牧师。不信奉上帝的人不能在法庭上作证人。宗教对美国教育的作用更是令人瞩目。除教会办校外，学校还开设宗教课程。在经济和科技高度发达的美国社会，宗教生活是美国生活中的一部分。

马克斯·韦伯认为，美国的资本主义精神产生于新教伦理。清教徒们崇尚自由，不迷恋于教义、教条，而注重求实、创新和开拓、试验，强调勤俭致富，以求拯救灵魂。清教徒的苦行伦理造就了资产阶级的精打细算、兢兢业业的作风和追求财富的动力，养成了开发新疆土、征服大自然的冒险精神。这些对美国资本主义的兴起和发展都具有重要作用。清教徒致力于建设一个新世界、创造一种新的社会模式的使命感产生了一种新的民族认同，这种认同感将

注

① 裴孝贤（Donald M. Bishop）：《宗教在美国社会中的地位》，《交流》2000年第1期。

所有的宗教与世俗的成员都团结在一起，把宗教的改革与社会的改革结合在一起。总之，清教徒对美国国民的伦理道德、价值取向、社会风俗、生活模式有着深刻影响，可以说，它是美国文化的根源。①

随着美国社会的演进，早期清教主义的"苦行"伦理逐渐让位于现代文化的享乐主义，中产阶级的消费文化充斥了美国社会，但是宗教文化的影响仍然很大，讲究物质享受的美国人同时信奉上帝。正如美国学者威廉·伊塞尔所说的："美国是世界上最现代化的国家，又是现代国家中宗教最发达的国家。"

盖洛普(Gallup)民意调查组织曾就美国人的宗教信仰做过调查，结果发现，"在每10个美国人中，便有9人说他们从不怀疑上帝的存在，8人说他们相信自己将会在末日审判时被召唤到上帝面前述罪，8人相信上帝依然在创造奇迹，7人相信来世。此外，有90%的美国人祈祷；88%的人相信上帝对他们的爱；78%的人说在过去两年中他们用了'很多'或'相当多'的时间来思考与上帝的关系；86%的人说他们希望子女接受宗教培训"。该调查还发现，"1/3的美国人称自己有一种深切的精神上的体验，不论这种体验是短暂的还是逐渐产生的，都一直在改变着他们的生活，这一数字是引人注目的而且自始至终都是如此"。②

美国有30万个以上的基督教教堂、犹太教会堂、清真寺及其他一些宗教活动场所。美国人均拥有的宗教活动场所比世界上任何国家都多，并且新的宗教场所仍在不断建造。周末去教堂的美国人比看体育比赛的人多。美国人

注

① 王缉思、李晓岗：《霸权梦——美国的全球战略》，鹭江出版社2000年版。
② 裴孝贤（Donald M. Bishop）：《宗教在美国社会中的地位》，《交流》2000年第1期。

花在宗教上的时间和金钱远多于体育方面。

在大学及其他许多公、私机构，如医院、监狱、警察局、消防队、夏令营、机场，以及爱国者和退伍军人协会中，都雇有专职或兼职的牧师提供宗教服务。他们为学生和教职员、医生和病人（特别是那些临终的人）、警察及消防队员、夏令营营员及工作人员，以及旅游者提供宗教服务。有的牧师在礼拜堂（校园中的大教堂、医院和机场的真信默祷室、建在兵营的常青树丛中的小教堂）中举行宗教仪式，另外一些牧师则是在校园、走廊或操场提供宗教服务。

国会参众两院的每一届会议都是以来自华盛顿的牧师轮流主持的祷告开始，两院都设有专职牧师为议员们服务。每届会议期间，国会议员还组织祷文与《圣经》研读小组进行活动。许多州议会也有类似的安排。

然而，社会学研究以及其他许多类似的调查提及了一些同上述现象不一致的情况。一些研究对有关去教堂人数的民意调查结果提出质疑，他们认为，受访者在回答民意调查员的问题时总想表现得比平时更信仰宗教。他们估计去教堂的人数应降低至20%。

同时，与传统宗教准则相违背的行为广泛存在，自杀、未婚同居、离婚、堕胎、暴力、犯罪及滥用毒品的比率在美国居高不下，这一事实似乎也与美国人的宗教信念相矛盾。

美国没有国教，具有政教分离的传统。因此，即使美国人在周末上教堂的人数比观看体育比赛的人要多，但体育消息却占据了每天报纸的四至六个版面，而有关宗教的报道也许每周只有一页。在各大媒体《新闻时间》栏目所播出的数万条新闻中，宗教新闻只占1 %左右。

威斯康星大学的托马斯·里夫斯（Thomas Reves）教授讨论了美国宗教的另一面。他指出："现代美国的基督教，大体说来并不惹人讨厌。它倾向于轻松、乐观、方便和包容。它不要求自我牺牲、纪律、谦卑、对来世的看法、对灵魂的热忱，以及对上帝的敬畏和爱。几乎没有罪与罚，并且肯定能在天堂里得到报偿。"里夫斯称此为"文化基督教"或"消费基督教"。他继续写道："……看来很清楚，为了实现美国梦，我们中的大多数人耗费了大量的时间和精力。我们被自己的工作所吞噬，精神病医生、离婚事务所的律师以及数百万挂钥匙的孩子最清楚这一点；我们陷入了对可以带来'个人满足'和'快乐'的权力、金钱、社会地位和享乐的无尽追求。"专栏作家威廉·普法夫（William Pfaff）描述了一种"严格要求服从和牺牲精神的加尔文宗教义的浪漫和无罪的新诠释"，美国新英格兰地区和南方人民的民族特性由此而形成。①

看来，可以说宗教信仰的内核已被"挖空"。美钞上印的"In God we trust"（我们信仰神）只是一种认同美国的象征，一种神话。这正是——上帝于我何加焉？！

但是，上帝的概念的确熏陶出美国人诚实的性格。很难想象，美国社会要是没有宗教的洗礼该如何运转？亨廷顿认为，"'美国信念'是不提上帝的宗教，美国公民宗教则是不提基督的基督教"。②这是很有见地的。

其实，关键不是你是否信上帝，而是你是否有颗被上帝安抚的心。美国人的性格秉性才是我们理解美国社会的关键。

故事三　我是一个密苏里人

美国人的性格，许多是人性使然，更多的是美国社会惯出来的结果。如何打破美国神话？要正确认识美国人。

注

① 裴孝贤（Donald M. Bishop）：《宗教在美国社会中的地位》，《交流》2000年第1期。

② 【美】塞缪尔·亨廷顿著，程克雄译：《我们是谁？——美国国家特性面临的挑战》，新华出版社2005年版，第89页。

美国，用一个词去形容它，是什么？在英文里，会有不少答案。某年美国独立日前夕，《纽约时报》曾就这一问题访问了数十位普通美国人，刊出了一个整版的答案，从 freedom（自由）到 chance（机会）、dream（梦想）、wealth（富裕）、immi grant（移民），不一而足。但要从中文里找一个字来形容，并不容易。《南风窗》的总编辑秦朔先生在考察完美国后想到了这么一个字：秀。的确，美国人把人生当成表演；美国之所以为美国，就在于为各种各样的人提供了无尽的表演机会。让我们看看秦先生在《一个中国知识青年的边想边看——美国秀》一书中是怎么说的吧——

独领风骚与独特使命

“秀”是强大出众。全世界都承认美国是最大的发达国家，尤其在经济、科技、军事、体育、流行文化等方面独领风骚。美国敢在国际舞台上称王称霸，主要就是因为它有高人一等、木秀于林的强大资本。

“秀”是独特使命。多数美国人把人类发展看成一条直线，自认为美国始终在最前面，始终是新的开端，美国方式（American Way）始终代表世界未来。美国人愿意相信，美国赋有特殊使命，不仅仅是为了富强，而且是“为了上帝的某种旨意 ”。最早的欧洲移民就是带着对新世界的美妙幻想和传播基督教信仰的热忱，来到北美大陆，要在这块从来没有诞生过国家的土地上创建一个新的国家，“信奉自由并献身于所有人生而平等的主张”（林肯总统语）。这个国家应该成为“圣战者，人民的斗士，生命、自由和追求幸福等基本权利的捍卫者，自由世界和人权的维护者”（学者James Oliver Robertson语）。尽管现在许多美国人也对这种幻象嗤之以鼻，美国对其他国家人民基本权利的多次无理干涉更遭到世界多国的抵制，但作为对“国家使命感”的基本解释，它并未受到根本性的动摇。

把人生当成表演

“秀” 是人生态度，人生被定义成“为了梦想和兴趣而展开的表演”。很多中国人跟美国人接触，都感受到他们热爱生活，充满自信，乐观开朗，喜欢相互赞美，甚至有些夸张，像是在表演。中国人比较内敛，一个得到A－成绩的中国人，远远没有一个得到B＋成绩的美国人快活。美国人的生活和工作态度里带有很强的表演性，总想把生命中好的、积极的、光明的、勇敢的一面展示给别人看，自己看，大自然看，并在这表演中让生命潜能进一步被激活。从早期西部牛仔单枪匹马的冒险，到今天年轻人热衷的冲浪攀岩；从家家户户对门前花园、灯饰的精心装扮，到各种节日或公众活动中人们的全情投入和参与精神；从美国人迷醉的橄榄球比赛和好莱坞大片，到已成为民族骄傲的众多白手起家的创业神话……你会情不自禁地感受到美国式的人生观，人生不是被动的追随，而是主动的选择；不是消极的等待，而是积极的创造；不是人云亦云的服从，而是自我实现的表演。在纽约，我和一位大学同学相聚，他混在美国5年多，几经沧桑，现在还在漂泊，但精神状态却比在上海一家大报社工作时振奋积极得多。当晚他推荐我去看了一部名叫*Cast Away*的电影，描写一个美国邮递员在一场空难后，漂流到太平洋的某个渺无人烟的孤岛上，一个人顽强地生存下去，并在4年后获救。这正是真正的美国精神的精髓：只要有信仰（片中邮递员的信仰是他的爱情），只要不向外在的压抑人的力量屈服（片中的代表是自然界），生命的篝火永远不会熄灭，只会越燃越旺。

铲除特权才能普及人权

“秀”也是规则体系。英文中Show（“秀”）的意思是表演，演出。演出就需要演出规则，剧场规则，就像宗教需要仪式。美国号称“机会之国”，对机遇的承诺非常民主，“人人都有可能成功”。因此，也就更需要人人都能参与、而且人人平等的游戏规则。铲除特权才能普及人权，自由社会的规则恰恰是，谁都不能拥有比别人更多的自由。从遵守交通秩序和排队这样的小节，到总统竞选这样的大事，都有成文或不成文（但成习惯）的规则。2000年底，戈尔在宣布竞选失败的电视讲话中说：“所有法律学院的图书馆都有这样的座右铭：‘不服从于人，必须服从上主和法律。’这是美国自由制度的最高原则，亦是我们民主自由的源泉。现在，美国的最高法院已作出裁决。我毫不含糊地表明：虽然我极不同意法院的决定，我仍然愿意接受。” 在许多美国人看来，2000年大选的最大赢家正是戈尔。多年以后，他的这句“毫不含糊地表明”，将和华盛顿、杰斐逊、林肯的许多名言一样被纳入美国文化的经典。

永远延续的创造

正是因为有独特的使命感，有充分的表演欲望，有完善的保障个人演出权利的游戏规则，美国这200多年的历史，没有大的社会冲突和长期的震荡，基本上是在建设性的轨道里不断上升。概而论之，在美国，“秀”是无处不在、永远延续的创造。纽约百老汇的歌剧秀，NBA的明星秀，拉斯维加斯的建筑秀，硅谷的创业秀，大选中的政治秀，千奇百怪的商业秀、产品秀、展览秀、景观秀……也许你在价值判断上并不认同很多“秀”背后的观念，但你不能不赞叹其中的想象力、创造力和那种演什么像什么的惊人表现力。在微软公司创办25周年庆时，《今日美国报》记者采访比尔·盖茨，问他对美国政府决定分割微软有何看法，他答说：“撇开这宗诉讼不谈，这仍是一个利于创业的伟大国度。我对这个国家的感激，远胜于这宗针对我们的官司。”此话绝非矫情。如果不是美国政府从1969到1982 年长达13 年对当时的计算机霸主IBM的反垄断官司，压得IBM不敢排挤或收购微软，微软很难说能有今天。大公司发展到一定程度都有垄断性，美国通过一套制度化的调控措施，为后来者、新到者，乃至社会经济生活中的贫弱者，都留下适合的发展空间，让今天的弱者有机会在未来变成强者，让小公司变成大企业，让平凡人的梦想有一天能在现实的舞台上飞翔。

每一个国家都在历史的舞台上表演，在人类的舞台上表演。“美国秀”并不完美，而且美国在国际舞台上的表演经常是一塌糊涂，但客观地说，在20世纪和可以预见到的21世纪的相当长时间里，美国秀都是这个地球上最强大的“国家秀”、“民族秀”之一。只有正视它，深入地观察它，研究它，学习其中的积极因素，我们的“中国秀”才有可能后来居上，真正崛起于千岩竞秀、万壑争流的世界民族之林。[①]

我的美国经历的确分享了秦先生的美国感受。美国如此，美国人呢？

美国有一个谚语是这么说的：Laugh-and-the-world-laughs-with-you；Cry-and-you-cry-alone. 按字面来解释，这个谚语的意思是：笑，

注

① 以上有关“美国秀”的论述，参见秦朔《一个中国知识青年的边想边看——美国秀》，上海远东出版社2002年版。

全世界和你一起笑。哭，你一个人哭。它的含义就是：欢乐的时候，朋友都来了，遇到危险和灾难的时候，你就只能独自承担。

如何给什么是“美国人”下定义？对这个问题人们是从美国建国以来一直在讨论。然而，这种自我审视往往演变成与世界其他地区相连的某种双向度。例如，拉尔夫·沃尔多·爱默生（Ralph Waldo Emerson）在其名著的1841年文章《自助》（*Self Reliance*）中，将自助定义为一种异于过去——尤其是欧洲的过去——的美德。爱默生说：“坚持自我，决不模仿。”的确美国人的性格是危机成就强大。

有一个笑话也许对人们了解美国的民族精神有些帮助。这个笑话说的是三个国籍分别是美国、英国和法国的人结伴旅游碰到了持刀抢劫的强盗，强盗对他们说：“在杀死你们以前，我可以满足你们每人一个要求。”英国人说要高呼女王万岁，法国人说要亲吻一下情人的照片，美国人则要求强盗踢自己屁股一下。在强盗踢了美国人屁股一脚后，美国人从怀里掏出手枪一枪把强盗毙了。英国人和法国人困惑不解地问美国人：“你为什么不直接把强盗打死而要他先踢一下你的屁股呢？”美国人同样困惑不解地反问道：“他若不踢我的屁股，我怎么好打死他呢？”这个笑话也许有些夸张的成份，但美国真的很令人奇怪，如果没有强烈的（同时又不是伤筋动骨的）刺激，美国宁肯在引以自豪的民主制度中耽于安乐，而不肯利用它的巨大力量。

但另一方面，美国人的诚实让人觉得到了傻得可爱的地步。说我是24岁以下，享受半票待遇，竟然没有人不信，也没有要求我出示身份证。听到的倒是一句口头禅——“我是一个密苏里人”，这是句美国谚语，意思是“拿出证据，用事实说话”。

1783年签署的《巴黎和平条约》，确认了

美国的边界。在这前后，美国掀起了“西部大迁移”的风潮。在杰弗逊总统的倡导和鼓动下，很多美国人由东北部的丘陵和草原地区，向西部落基山脉乃至太平洋沿岸拓展迁徙。密苏里州位于美国的中部，有相对稳定的地域文明，是很多西迁者的必经之地。西迁的风潮给密苏里人的生活造成很大冲击，特别是西迁的人中不乏投机者、冒险者与说谎者，他们的所作所为和所言，自然带给本分诚实的密苏里人诸多疑虑和纷扰。一时间本地人和外来者都愿意称自己是密苏里人，“我是一个密苏里人”就成了诚实、求实的代名词。

当然，除了诚实这点外，美国人的个人主义、实用主义也是出了名的。

美国有一句谚语：“The business of American is business.”（美国人眼里只有生意）于是“让我们做个交易吧”（Let’s make a deal），成为美国人的口头禅。这是美国人做商人的角色。除此之外，律师、传教士、军人是美国人另外三种角色。

个人主义和实用主义的结果，使得美国人看起来很小气。2004年夏天我去俄亥俄州参加中美安全对话，从休斯敦转机，不巧遭遇雷雨，飞机无法降落，一味在空中盘旋，于是我和旁边的美国妇女聊起天来。她很兴奋地告诉我，一位华侨看中了她家的风水，以高价买了她的房子，她赚了40万。眼看到邀请方去机场接我的时间了，我们还在休斯敦上空盘旋，于是想借她的手机用，通报对方。没想到我还没说几分钟，她就催促到——Time is limited（时间有限）！我心想从中国人那里刚赚40万，怎么就不知道回报而是这般小气？

和美国朋友去逛街，如果就我们两人还好，如果人多，老美走累了，遇到小吃摊竟然自己买点小吃就啃起来，也不问问身旁的我——一起尝尝？我心想“衣食所安，弗敢专也，必以分人”，我本不稀罕这点小吃，可是我想与朋友一起吃不是更有趣吗。知道这一点，下次他建议一块儿吃晚饭，我得带够钱了。就像中国人问“吃饭了吗？”绝不意味着对方要请你吃饭或真正关心你吃饭了与否。

美国人小气但不特别令人讨厌，原因之一是以尊重他人为前提的。约翰是我的BUDDY，也就是哥们儿，按照中国人的习惯每次见面我都喜欢拍拍他，可对方却不耐烦地说——“Don’t touch me，man！”（不要碰我，伙计）。对隐私权的尊重和强调是美国人的习惯。我们在宿舍网吧上网，常常同用一台电脑，每当我输入信箱密码时，约翰总自觉地转过脸去。

另一个重要原因就是美国人的幽默让你讨厌不起来。来美国不久，想上白宫网站，不小心却进入黄色网站www.whitehouse.com。后来发现政府机构都是以state或gor结尾的。因此白宫网址是www.whitehouse.gov. 美国人的玩笑开到总统府了！

美国之所以为美国，美国人之所以为美国人，首先是美国社会惯出来的结果。例如诚实是以社会信用制度和宗教信仰作为铺垫的；自称信仰上帝却不去教堂，这是追求“合众为一”的集体认同与个人自由较量的结果；乐观进取、幽默风趣的美国人性格，是“美国秀”栽培出的品性。其次是美国人的美国观与国际社会的美国观二律背反的结果。美国的国内制度使人不时产生神话美国的冲动；而美国的国际行为常常驱使你去打破美国神话。

如何打破美国神话？其一要倡导“内外互视法”，即不仅从美国国内看美国的行为，而且同时从国际看美国，美国人的感受和世界人民的感受要合二为一，才能真正做到“合众为一”，否则也只是以国家层面的公（国）“私”超越个人主义的自“私”，难以达到世界的大“私”——天下为公。其二主张视角换位，力求实现“美国人－美国社会－美国国家”三位一体式的全方位看美国，即美国不是一般的国度，而是移民、开放社会和多元文化的综合体。两者结合，即便不能打破美国神话，也可以有效驱除神话美国的诱惑。

第五篇

倾诉美国：谁在神话美国？

Even though we may know why that which happened happened suddenly, we may still be in the dark about why it happened at all.（尽管我们或许知道发生了的为何突然发生，我们仍然懵然无知为何一切发生了。）

——Karl Polanyi（卡尔·博兰尼）

The Mythed America 5

神话美国有客观原因，也有主观基础。那么，到底谁有意或无意地在神话美国？听听美国人是怎么说的吧。

如果用一个字形容美国，这个字是“秀”；那么，哪个字来形容美国人呢？说“秀”还是以欣赏的眼光看待美国的；从局外人的角度讲，更公正的形容美国人的词应该是Abuse（张扬）。

如果公众场合有人莫名其妙地大笑，那人多半是美国人。刚到美国时，还以为自己英语不太好，没懂他们的幽默，以至于不知道美国人在笑什么。见我一头雾水，一位美国朋友告诉我，任何在外国人看来不值一笑的都可能成为美国人的笑料。我心想，那不是找乐吗？我在法国学语言时，班上的美国人经常肆无忌惮地夸张大笑，弄得各国学生敢怒而不便言，只能面面相觑。

这种张扬的性格也使得美国人不惮于暴露自己的缺点，不否认自己在神话自己。 瑞典著名社会学家古纳·米尔达（Gunnar Myrdal）20世纪二三十年代访美，对美国人的公开自我揭短印象深刻，他把这归之于基督教对罪行的忏悔心理。他写道：

> 美国人强烈地、诚心诚意地“反对罪行”，对自己的罪行也决不稍怠。他审视自己的错误，把它记录在案，然后在屋顶上高声宣扬，以最严厉的词句批判自己，包括谴责伪善。如果说全世界都充分了解美国的腐化现象、有组织的犯罪和司法制度的弊病的话，那不是由于其特别邪恶，而是由于美国人自己爱宣扬缺点。①

国民的张扬推动了国家的无度，而竟使美国处于自由与安全的悖论之中，

注

① 引自资中筠《美国的强盛之道》，《学术界》2000年第6期。

常常还产生美国神话美国的冲动，究其实质，是美国主义在神话美国。美国主义从民族层面上表现为一种阳刚型文化。当这种阳刚型文化遭遇到中国的阴柔文化时，就像拳击对太极，使不上劲儿而干着急。中美间的纠纷与不信任，与文化的差异很有关系。尽管两国了解越来越多，但理智终究难以把握情感，中美间的种种认知悖论就不自觉地形成了。

作者与基辛格合影

与此说来，制造美国神话的还有文化人类学的原因。在美国民族文化和民族心理的深层，历来有一种美国例外论。美国大诗人惠特曼曾说："美国的成长无需任何参照系。"美国历史学家弗雷德里克·杰克逊·特纳（Fredrick Jackson Turner）在《边疆在美国史上的重要意义》（1898）一文中激烈驳斥了美国文化的"欧洲种子论"，以充满感情的文笔描述了美国人如何在向西部拓展"新边疆"、建立新社群，特别是在与印第安人和大自然的殊死搏斗中演变为一个全新的、独立于欧洲文明的文化民族和政治民族的历史。特纳写道：

边疆是最迅速、最有效的美国化过程的战线。在那里，旷野是殖民者的主宰。初来乍到时，他在衣着、勤奋、工具、旅行和思维方式上都还是个欧洲人。但旷野把他从火车上拉出来，放到柞木筏子上。它把他文明的外衣剥下来，给他穿上猎人衫和鹿皮靴。它把他置于切诺基和伊洛夸斯人的小木屋里，再在房子四周围上栅栏。转眼间，他已经在用削尖的木棍翻地，耕种印第安人的玉米，并像一个真正的印第安人那样在战斗中发出尖叫，把敌人的头皮扒下来充作战利品了。（《美国史上的边疆》，纽约）

由此上溯，当年乘"五月花"号躲避宗教迫害而逃到美洲的英国清教徒，抵达新大陆后，感恩之余，当然会庆幸自己把一个腐朽、暴虐、等级森严、不容忍异端的老欧洲远远抛在了身后。在这块上帝赐地的上面，正好画“最新最美的图画”（这幅图画中隐含的种族灭绝的杀气往往不便提及）。早有西方学者指出，美国“起源”的神话总是和“抵达”的神话（包括由此以来历代各族新移民的“抵达”）搅和在一起。而“抵达”的道德含义，就是别处的人都是多多少少有污点的，只有我们自己是纯洁的；别处的人都多少带着旧世界的烙印，而只有新世界的居民才真正代表人类的未来，是真正的“新人类”。

美国是一个移民国家，多元社会。当代美国文化在一定程度上是一种多元文化，这在一定程度上解释了为什么美国文化在世界各地都尤其具有吸引力。但美国社会内部的多元也给普通美国人以一种幻觉，觉得不用出美国国界就可以了解世界，或者美国就是世界。这里被忽略的是这样一个事实：美国新老移民固然从世界各地带来了不同的文化，但他们都要经过“美国化”的过程才能作为美国社会主流的一部分，参与界定美国文化的斗争。进一步看，在美国国民精神认同和自我认识的核心，却仍有一种美国式的本质论。

美国的“不需要任何参照系”的文化心理传统，在美国国家的成长史上无疑是一种自我进取、自我肯定、不墨守成规、勇于创新的积极因素。但它一旦以当今世上唯一超级大国的实力和霸业为背景，其看世界的眼光和角度会发生怎样的变化和扭曲呢？当它由自身特殊的角度决定的“世界图景”，在不知不觉间变成一个理所当然的“真理”，被冠冕堂皇地称为“国际秩序”、“世界潮流”、“历史规律”、“人类未来”，美国在当今世界事务上又将扮演什么样的角色呢？

故事一　蜘蛛与飞鸟的故事

有一个关于蜘蛛与飞鸟的故事说的是一天，一只飞鸟被蜘蛛网绊住，飞鸟生气地对蜘蛛说："这个世界是自由的，你为什么要织网来妨碍我的飞行自由？"蜘蛛委屈地回答道："不织网，我靠什么生活呀？"飞鸟说："就算可以织，按照国际惯例，也只能是12毫米宽的网。你为何要坚持织200毫米的网呢？"蜘蛛无奈地对飞鸟说："12毫米对你来说可能够，但是我要养活那么多的孩子，12毫米，怎么够保证我们一家的食物和安全？"

2001年3月，中国和美国发生在南海上空的飞机相撞事件情形也类似——时至今日，飞鸟（美国军事）仍然将蜘蛛（中国军力）视为威胁，重要理由就是蜘蛛的织网行为和蜘蛛网的不透明问题。《耶鲁日报》刊文竟声称"为（撞机事件）谴责美国就像因为1939年德国入侵波兰而谴责波兰一样荒唐"。好像是中国侵犯了美国的领空，而不是相反。

我不想说这次撞击事件具体谁是谁非，多数中国人的立足点也不是撞机事件本身，而是事件透视的本质：他们意识到国家主权和安全在受到侵犯——想想人家在65英里的地方侦察你，你会怎么想？美国人也许习惯于这种老鼠与猫的游戏——它与苏联在冷战期间就一直是这么玩的——认为中国是一个封闭的社会，有权来看个究竟。但是中国人不那么认为，你或许说他们没有能力。这就是为什么两年前美国声称"误炸"了中国驻贝尔格莱德大使馆，而中国决不会"误炸"到美国使馆头上，因为中国从未在邻国以外的国家使用过武力。

所以普通中国人认为是等了11天才等到美国起码的道歉和尊重，而不是扣留美国“人质”11天。美国一天到晚谈民主，可偏偏忘了民主的基础——平等，而总是以一种道德优势的姿态来教训别人应该怎么做。就像医生确信自己医术高明，对一位病人开了许多药方，而病人却因为怕过敏（或许有过敏的经历）而拒绝服用。医生应该怎么做？是强迫病人吃吗？因为你确信这药对他有好处呀。恐怕还是说服、建议的好吧。想想母亲是如何给小孩喂饭的！每个人都需要吃药，但是为什么不能让中国选择吃中药而要强迫其服用西药？

普通中国人了解美国，远甚于普通美国人了解中国。许多中国学生都读过或知道托克维尔的《论美国的民主》一书，可是又有多少美国人知道鲁迅的《阿Q正传》？许多中国官员能背诵林肯的葛德斯堡演说，又有几个美国官员能知道毛泽东的《为人民服务》和孟子的“民为贵，社稷次之，君为轻”的名言？难道美国在与中国打交道时还不紧张、心虚吗？记住基辛格的话吧——“不要试图教训中国应该怎么做，中国有五千年以上的历史，而美国只有短短的两百多年”。

就拿台湾问题来说，没有谁会比中国人自己更希望这一问题得到和平解决。没有美国人的干预，台湾问题早解决了！台湾岛就像现在的海南岛一样和平。许多人都知道中国有使用武力的决心，但却忽视中国政府对台湾问题“不放弃承诺使用武力”的前提，即“台湾独立，外国入侵，长期拖下去得不到解决”；也不了解孙子的信念——“上兵伐谋，其次伐交，其次伐兵，下政攻城”，“不战而屈人之兵，善之善者也”——在中国人心中的分量。中国政府是相信只有大陆拥有对台绝对军事优势才会慑

“中途岛”号航母上与美国海军军官合影

止台湾独立的念头，才能为和平统一创造可能。

进一步讲，中美两国不同的战略思维逻辑常常引发软冲突。与中国“不战而屈人之兵”的逻辑不同，在台海问题上，美国声称的逻辑是“均势和平论”，即美国旨在扮演“离岸平衡手”（offshore balancer）角色，成为维护台海军事平衡、定义台海现状的警察与仲裁者。但当中国建议撤走部分福建地区导弹换取美国停止出售武器给台湾省时，却遭到美国政府的拒绝。这足以证明美国在台海局势上坚持“均势和平论”的虚伪。

再说国际法，中国1995年的海洋法是明文规定200海里经济专属区权限的。这次撞机事件无疑发生在此区域内，因而中国政府认为美国侦察机侵犯了中国主权与安全。想想美国声称“有保护台湾的义务”，不就是以所谓国内法——“《与台湾关系法》”高于国际法为依据，而置他国内政问题于国内事务中，置中国政府过去签署的三个“联合公报”于不顾的吗？

不要对中国政府说你应该怎么做，而应该听听13亿中国人的声音。问问8亿农民最想要的是什么？民主、自由、人权吗？NO！回答恐怕是“提高生活条件”，他们关心中国加入世贸组织后如何保护农产品和自身的利益。中国经济飞速发展，人民生活水平迅速提高，国民拥有越来越多的自由。

傲慢往往来自于无知！两者的结合终于酿成了“9·11”悲剧。以至于世人竟为安全从无后顾之忧的美国捏把汗——自由女神像：你要防弹衣吗？

“9·11”事件发生后，美国再遭恐怖袭击的消息频繁，既有拉丹的“基地”组织密谋炸美国的公寓大厦，又有食用水供应系统保安不足，易遭生化袭击。《纽约每日新闻报》一度披露，联邦调查局和反恐专家相信，美国境内也会发生自杀性炸弹袭击。美国情报界、媒体几乎异口同声地宣称，恐怖分子可能在某个周末袭击纽约市的标志性建筑。这些报道令美国人风声鹤唳，使一度有关布什总统处理情报失当的争论渐渐消声。

自“9·11”以来，美国一直处于“一朝被蛇咬，十年怕井绳”的紧张状态，类似再次遭袭的警报已拉响过多次，美国百姓对此早已司空见惯。世人有目共睹，阿富汗战争以来，反恐战争已经成为美国对内政治整合的口号，对外扩张美国势力的借口；“反恐”口号早已政治化了。各个机构也纷纷高举“反恐”、“防恐”旗帜以证实自己的合法性——司法部长以此为采取限制公民自由的措施辩护、FBI倾向于事先警告免得责任难逃；美国民众只好“宁可信其有，不可信其无”。

但是，美国不断高喊“狼来了”这种现象有其必然性，深深带有美国社会的烙印。这要从美国独特的安全观念与安全决策机制说起，而这又是由美国在世界上独特的地位反映出的。美国寻找敌人的危机意识在“9·11”之前，甚至在冷战结束之前就已存在。为什么美国总是感觉不安全？

从美国的安全观念说，两面靠洋的独特地理位置，使美国建国以来鲜有担心国家本土安全的。“珍珠港”事件是对美国领土安全的第一次打击；20世纪60年代，苏联拥有打击到美国本土的远程洲际弹道导弹，是对美国安全观念造成的又一极大冲击，此后美国便一直生活在“恐怖平衡”的威胁中，美国人也成了“核人质”。

冷战结束后，美国成为世界上唯一的、孤独的超级大国，“高处不胜寒”的地位，使得“中国威胁论”一度为美国冷战思维的杰作。但毕竟时过境迁，美国的常规军事威胁大大降低，于是美国不失时机地推行“导弹防御计划”，努力寻求自身的绝对安全，为此不断鼓吹大规模杀伤性武器和“无赖国家”对美国安全的威胁。“9·11”恐怖袭击可以说正是这种“自我证实的预言”——这也是“9·11”之前，美国就有恐怖袭击的预警和铲除基地组织等计划的时代背景。因此，情报风波与其说是民主党向共和党政府发难，倒不如说是美国人在责问自己：为什么美国自称是自罗马帝国以来无与匹敌的唯一超级大国，却不能将自己的绝对实力优势转化为自身的绝对安全呢？

从冷战结束后美国的历次海外军事行动（海湾战争、科索沃战争、阿富汗战争、伊拉克战争）就可以看出，美国的安全目标和利益极为宽泛和模糊；安全标准要以极低伤亡赢得绝对安全；追求安全的途径则往往以牺牲他国安全利益为代价，从而引起其他国家的不安和反抗，导致所谓“安全困境”。这样，美国不仅感觉自己现在不安全，而且会越来越感觉不安全。

美国独特的安全决策机制也导致美国夸大威胁的倾向。美国的安全政策直接源于其安全认知，其中包括公众和决策专家与官员的安全认知，最终形成为以威胁来源、安全目标、实现安全手段为主要内容的安全政策。

利益集团，尤其是军工集团，在冷战结束后，为寻找自身生存的合法性，不失时机地游说政府和国会，利用美国人追求绝对安全的心理，夸大美国的威胁——这一集团在现今布什政府中有着广泛的影响；白宫、国会山的安全决策和立法机构制定安全政策也往往以未来10—15年甚至更长的可能威胁为思考出发点，为此寻找可能的威胁形式及应对方略——2001年度的《四年防务评估报告》（QDR）提出“基于实力而非意图”的安全威胁模式，更是美国作为唯一超级大国寻求自身绝对安全的理念产物。

美国的安全观还源于美国例外论及其导致的对外部世界的不信任。美国的决策者深信世界的无政府状态，故而对内推行民主，对外推行霸权。双边联盟只是美国确保自身地位的手段。美国人深知《邹忌讽齐王纳谏》一文所阐明的

道理——“反恐”联盟形成“振臂一挥、应者云集”的局面不过是世界各国“畏惧美国、有求于美国、或乘势而为”，并非总是想美之所想、忧美之所忧。

因此，就像管理学中的“鲶鱼效应”一样——保鲜鲶鱼的好办法是在鲶鱼缸中放几条鲶鱼的天敌，使鲶鱼疲于奔命而存活下来，否则往往窒息而死——美国面临的安全威胁挑战只会使美国继续保持活力，这也应了孟子“生于忧患、死于安乐”的哲理。

但另一方面，美国作为开放的社会，一直处于自由－安全的悖论中。就拿“9·11”事件爆发的原因来说，人们通常注意到其国际背景，更有甚者幸灾乐祸地宣称这是对美国到处插手世界事务、四面树敌，尤其是在中东偏袒以色列的报应；也有从美国的情报系统、航空安全系统等分析的，而往往忽视了美国是一个高度开放社会的事实。

由于美国是个高度国际化的开放社会，这就为恐怖活动的产生提供了可能——因为美国安全情报系统过于依赖高技术，在国家层面相信权力制衡，但社会层面却是倾向于信任人，犯罪分子经常可以利用美国社会制度的弱点达到自己的目的。这样，恐怖主义成为开放社会的又一敌人。从这个角度讲，恐怖袭击防不胜防，看来美国难以超越自由与安全的内在悖论。国防部长拉姆斯菲尔德干脆将反恐战争称为“long war”（长期战争），意味深长。

“防民之口，甚于防川”；防恐之难，甚于防口。恐怖分子往往是出其不意、攻其不备。一再拉响恐怖袭击警报恐怕真要陷入“狼来了”的困境。“问美怎会不安宁？惟有仇恨未化解。”也许当局者迷，旁观者清。美国前副总统戈尔的话一语道出了原委。他在2002年2月12日就

指出，单凭军事力量不能取得反对恐怖主义长期斗争的胜利，美国必须制定消除中东地区不满情绪根源的反恐战略。但是，过分信赖自身实力、过度依赖技术手段，只能使美国疲于奔命；事实上，“解铃还需系铃人”。分流、疏导对美仇恨才是美国人的反恐之“道”，而不是去以色列学习对付人体炸弹的反恐之“术”。

认为美国拥有绝对安全或应追求绝对安全，这是美国安全的神话；同样的，认为美国随时可能遭袭，以此限制美国人的自由，也是在终结自由的神话。

故事二　美国神话美国？

美国为什么会被神话？其实，美国在神话美国。

因此，美国被神话并不能完全怪国人。首先，美国人自己在神话自己。美国是一多元社会，近来的确有许多智囊机构给美政府提出许多维护美国在世界上“领导地位”的建议——例如“新美国世纪计划”、“新帝国论”——因其容易与我们的想法吻合而为国人所炒作，似乎验证了他们脑中固有的对美国的评判。带有美国式傲慢的官方学者（如约瑟夫·奈）也动辄称“美国是罗马帝国以来最强大的国家”（其实，成吉思汗帝国远比罗马帝国强大，但蒙古帝国被认为在欧洲只留下了马粪，而无法与罗马帝国那样的文治武功相比），兼之两面靠洋这一得天独厚的地理位置，使得美国的确有不少主流学者断言美国能超越历史的旧逻辑，什么“历史的终结”、“民主和平”啦等等，虽然也夹杂美国必然衰落的喧嚣。例如，有美国学者开出美国扮演“离岸平衡手”角色以永葆其强权的药方，主张美国仿效光辉孤立时期的英国扮演最后关头的遥控、平定者角色，防止欧亚大陆出现潜在霸权国。

其次与美国的政治文化有关。美国领导人是说一套、做一套的——说的是自由主义的，做的是现实主义的。《大国政治的悲剧》对此作了极好的阐释。书中写道：

> 因为美国人不喜欢权力政治，所以在公开场合他们常常以自由主义的口吻谈论美国的外交政策。政策精英的言辞也涂上了浓重的乐观主义和道德主义色彩。美国学术界特别擅长抬升思想市场中的自由主义成分。然而，关起门来，筹划国家安全政策的精英们却满口权力语言，而不是什么法则；在国际体系中，美国也在按现实主义逻辑要求行事。实质上，他们的公开言论与美国外交政策的具体操作之间存在明显的鸿沟。①

因此，美国的外交政策思想渊源，一直有所谓现实主义与自由主义（理想主义）两大流派分野的说法，这给神话美国留下很大的想象空间。有鉴于此，英国著名的国际关系学者E.H.卡尔把美国称为“在善良的外衣下掩盖他们自私的国家利益的艺术大师”。中国没有宗教式的外交理想主义，只有天下观的世界主义，当然就不便理解美国例外主义和天定命运观塑造的自由主义色彩，而将其一律神话为现实主义的外交战略。

再者，与美国在世界上的表现密切相关。冷战后，美国勤于征战四方，炫耀武力，导致许多国家民众对美国的心理抵触和反感，往往是在谴责美国霸权的同时不自觉又神话之，其实是一种弱者、受害者的心态在作怪。

但是，美国被神话还有其必然性因素。其更深远因素在于美国的制度

注

① 米尔斯海默：《大国政治的悲剧》，第24页。

美国竞选是有钱人的游戏

和理念以及国际舆论市场的需要，致使美国必然被神话。正如世人讥讽美国的黩武嗜好时所说的那样：“当你手中握有一把锤子时，什么问题看起来都像是钉子。”

神话自己的潜意识是美国的价值观，尤其是政治价值观在作怪。我国台湾省的关中教授曾对美国的价值观——美国主义作过很好的分析：

美国的“例外主义”(Exceptionalism)

美国的价值观有其特殊的历史和文化背景，由于美国的成功经验，使美国人民高度肯定这些价值；由于美国的无比强大，使美国认为它有责任向全世界推销这种价值。

美国一再强调它不是一个重视意识形态的国家。事实上，由于美国的政治文化稳定，本无需强调意识形态。基辛格说最能代表美国精神的就是“实用主义”(Pragmatism)，说明美国讲求实效，也可以通权达变。既然如此，美国为什么还要大肆宣扬美国的价值观呢？

有关美国“例外主义”的意义主要有三种说法。一个是偏重美国建国的“神话”，由于上帝或历史的庇佑，使美国以一个模范的身份进入这个世界，如麦德逊女士（Deborah L. Madsen）的美国例外主义。另一种是托克维尔式的，在《论美国的民主》一书中，托氏比较分析了为什么美国革命成功，法国革命失败，为什么民主在美国成功，在别的地方不成功或根本不存在。总之，强调美国和其他国家不同，无论是好的或是坏的。第三种是针对美国缺乏社会主义或工人的政党的质疑，如1906年桑巴特（Werner Sombart）所写的

《为什么美国没有社会主义？》。

第一种说法强调美国的"例外主义"是从早期移民"与生俱来"的，当时这些清教徒认为他们负有一种特别的精神和政治的命运在美洲新世界创造一个社会，并能够给欧洲国家做一个榜样。

第二种说法认为美国的社会是独特的，包括其国家认同、宗教制度、政治结构和传统、阶级构造（社会平等但经济不平等），以及其他的特点，使得美国"与众不同"。

第三种说法多为社会主义者与共产主义运动的批评。

为什么美国没有社会主义？根据李普塞特的说法，原因有四：

1. 美国两党制不利第三党。

2. 美国文化中个人主义和反政府主义的传统。

3. 由于种族和语言造成美国工人阶级的异质性。

4. 工会和政党之间的长期不合。

美国的"例外主义"是美国人认为他们拥有一种和其他国家明显与特别不同的命运，在形成美国人认同上，它是一个最大的力量。

支持美国"例外主义"者强调美国的革命，美国宪法和美国的制度是对人类历史上最大的贡献。美国建国先贤所秉持的原则创造了人类有史以来最伟大的宪政体制。从华盛顿、杰斐逊、亚当斯、林肯、两位罗斯福，一直到肯尼迪总统，一脉相承。他们的言行活在当代美国人的心中，这就是为什么美国"例外"——和其他国家不同——的原因。这才是美国"例外主义"的真正因素。这也是为什么1984年美国总

统民主党候选人林登·拉罗奇（Lyndon LaRouche）强调，为了挽救人类，只能靠美国领导的原因。美国不需要讲什么“世界新秩序”，只要把美国上述先贤的作为予以“恢复”就可以了。

美国主义(Americanism)的内容

其实，美国的价值不是种种“主义”可以涵盖的；事实上，美国今日所表现的只能用“美国主义”(Americanism)来代表，其内容包括下列十点：

1. 个人主义：为美国价值的核心，代表着个人权利和成就取向，以法律保障个人权利，反对权威，反对政府过分干预。

美国鹰袭来

2. 自由主义：包括民主、平等、自由放任、市场经济和民粹主义。

3. 乐观主义：自信、开朗、积极进取、包容、冒险精神。

4. 实用主义：不怕试验、勇于创新。注重结果，而非原则，可保持最大的弹性。

5. 理想主义：追求完美、宗教热诚、人道主义、福音主义、普世主义、法治和民主可促进和平、重视人权。

6. 潜在的种族优越感：贬低其他民族和文化，对“非美国”(un–American)之反感。对外关系中有“种族等级”观念。

7. 对社会主义的憎恶：反对集体主义，反对政府包办社会福利，反对政府干预。

8. 反殖民主义：同情符合美国标准的革命，主张民族自决，喜欢帮助弱小国家“建国”及“经济开发”。

9．例外主义：凸显与其他国家的不同，也使得美国以不平等观点对待其他国家。

10．霸权主义：独断主义，干涉主义，不允许其他国家挑战美国地位，形成“美国领导”地位。①

“例外主义”中之例外

美国之“例外”是因为同样是先进民主工业国家，但美国却与西欧国家，甚至东方的日本有许多显著的不同。李普塞特称美国是世界上宗教性最强、最爱国、最乐观、最权利取向、最个人主义的国家；但另一方面也是犯罪率最高，囚犯最多的国家。“例外主义”如刀之两刃，有好的一面，也有坏的一面，美国的若干价值可以为善，也可以为恶。

令美国难以自圆其说的乃是在它的价值观中出现的矛盾、差距、负面作用以及变化。

就矛盾来说，最明显的就是自由和平等的对立。在美国，既得利益者重视自由，弱势族群或阶层强调平等。个人主义变成“自我主义”形成与社区的对立。个人的成就取向被“享乐主义”抵消。

就差距来说，理想中的价值观和社会现实之间仍有很大的距离。如法律上的平等与贫富差距的拉大，美国20%最富有的人口拥有全国80%的财富，美国大公司总经理的收入为普通工人的150倍。白人和有色人种之间不平等，甚至男女之间在待遇上迄今仍未完全平等。由于财富不平等造成教育上和参政的不平等，美国有色人种在参政上是明显的代表性不足。

就负面作用来说，情况尤为严重，由于过分重视个人主义，造成美国是全

注

① 关中：《美国的价值观——论“美国主义”》，财团法人“国家”政策研究基金会“‘国政’研究报告”，“内政”(研)091-031号，2002年4月1日。参见http://www.npf.org.tw/PUBLICATION/IA/091/IA-R-091-031.htm。

世界犯罪率、吸毒率和离婚率最高的国家。美国的杀人罪为英国的6倍，日本的4倍；强奸罪是英国的11倍，日本的9倍；抢劫罪是英国的7倍，日本的16倍。囚犯人数高于西欧和日本的10倍，1996年受到法律制裁的人数为550万人。美国毒品的消耗量占全世界60%，毒品销售的利润每年高达1000亿美元以上，与全球最大汽车公司（通用）的规模不相上下。相关企业的色情市场年产值也超过1000亿美元；赌场金额更高达4000亿美元，超过美国国防预算。离婚率为20%，也造成20%的单亲家庭。如今，美国独身女性竟然比已婚女性还要多。

由于坚持个人主义的缘故，美国还有一种奇特的现象，就是美国是文明世界中唯一法律上允许私人拥有枪支的国家。美国私人拥有的枪支数高达2.35亿支，领有执照的枪商有28.5万人，平均900人便有一人（与美国教堂的比率相当）。全美国有17.5万家枪店，比加油站还多。根据1994年纽约时代广场“死亡钟”的纪录，美国平均每5秒钟便增加一支枪，每14秒钟，便有一人被枪杀。虽然情况如此严重，但美国却不能立法限制私人拥有枪支，这不仅是因为保护“个人自由”的缘故，而且更是“美国步枪协会”——美国最具影响力的利益及游说团体，它有350万个会员，每年光是会费收入便达1.5亿元——的影响力使然。历届美国总统大选，各党候选人莫不争取该协会的支持和赞助。

最后就变化而言，由于社会发展及不同时代背景的因素，若干价值也在调整之中。自20世纪以来，美国已经历了五个世代，每个世代均有其特色，1901—1924年的“美国大兵”(G.I.)世代，产生了七位美国总统和99位诺贝尔奖金的得主；1925—1942年的“沉默”世代，是缺乏进取，也是被压抑的一代；1943—1960年的“战后婴儿潮”(Boom)世代，以叛逆取胜，多参加过民权、反战运动以及吸食大麻，克林顿就是其中代表人物。1961—1981年的“不可知”(X)世代，更加放任，不仅犬儒而且虚无。里根总统在1986年曾在国情咨文中提出警告，针对年轻人受到的种种诱惑，呼吁他们要格外克制，

1982—2000年被称为“千禧年”(millennial)世代，美国已从改善教育着手，寄希望于这一代了。

美国近年来已有一些新兴的价值观，如生态、环保、妇女、家庭等。这些价值和运动多是正面的，不但不会伤害到美国的核心价值，反而会矫正一些偏差。

美国价值是普世主义吗？

美国今日的问题不在国内价值观的改变或调整，而在试图积极向外输出美国的价值。我们关心的不是美国价值观好坏的问题，而是美国为何要坚持其本身价值可放诸四海而皆准的问题。政治学家李普塞特特别以日本为例，说明日本在价值观上几与美国完全不同，但在国家现代化、工业化和民主化上并不逊于美国。事实上，日本以其“独特无二”与美国的“例外主义”分庭抗礼，彼得·戴尔(Peter N. Dale)曾列举美日价值上18点不同之处，所以美国怎能自认其价值观为普世主义的价值呢？

美、日价值观之比较 ①

序号	美国　America	日本　Japan
1	社会(society)	社区(community)
2	个人主义(individualism)	团体主义(groupism)
3	水平分工(horizontality)	垂直分工(verticality)
4	平等化(egalitarianism)	阶级化(hierarchy)
5	契约(contract)	关系(kintract)

注

① Peter N. Dale, The Myth of Japanese Uniqueness (N.Y.: St. Martin's, 1986) pp.44,51.

续表

序号	美国　America	日本　Japan
6	私人(private)	公众(public)
7	罪恶(guilt)	羞耻(shame)
8	城市(urban–cosmopolitan)	农村(rural–exclusive)
9	权力(rights)	责任(duties)
10	独立(independence)	依赖(dependence)
11	普遍性(universality)	特殊化(particularity–uniquiness)
12	异质性(heterogeneity)	同质性(homogeneity)
13	绝对主义(absolutism)	相对主义(relativism)
14	分裂(rupture)	和谐／传承(harmony，continuity)
15	人为(artifice)	自然(nature)
16	抽象(abstraction)	具体(concreteness)
17	捐助性／主动(donative/active)	接受性／被动(receptive/reactive)
18	开放(open)	封闭(closed)

其实，东方和西方在文化上的确不同，不必强求一致，但也不必因此对立，更不必为此冲突。

在对外关系上，一个国家的价值观，原则上只能“限国内使用”，它可用来教育或说服自己的人民支持政府的政策；但以自己的价值观强加在他国身上，甚至作为外交政策的目标是说不通的，也未必能做得到。换个角度，如果其他国家以自己的价值观来要求美国，美国会接受吗？如果美国不能接受，其他国家为什么要接受美国的价值观呢？如果因为美国强大，其他国家就不得不接受，这不是标准的帝国主义吗？

因此，在外交政策上，美国的“例外主义”不但是一个神话（myth），而且是一个危险的神话，因为它建立在四个不正确的论题上：

1. 美国政府在道德上和政治上优于其他政府。

美国的爱国主义

2．美国对世界和平及繁荣是不可缺少的。

3．为了美国国家利益，其他国家必须配合美国的政策。

4．如果有任何国家拒绝配合，美国在道德上有权去经济制裁和武力干涉。

美国新保守主义学者克里斯托(Kristol)和罗伯特·卡根(Robert Kagan)在1996年的《外交事务》上的一篇文章（*Toward a Neo-Reaganite Foreign Policy*）中，便持这种立场，强调"没有暴君，人类才有幸福"，主张美国要做一个"仁慈的全球霸权"。①

美国的"例外主义"使它成为"邪恶帝国"与"超级流氓国家"，美国已成为尼采笔下的"超人"，也成为奥维尔小说中的"海洋帝国"——美国的政策已符合了"海洋帝国"的信条——"战争即和平，自由即奴役，无知即力量"。

"所有的政治都是地方性的"（All politics are local），这是美国政治学的经典名言。美国人常常拿来解释美国的中国镜像。其实，国内政治的狭隘硬要世界人民承担，本身就是不尊重别人的表现。

注

① 关中：《美国的价值观——论"美国主义"》，财团法人"国家"政策研究基金会"'国政'研究报告"，"内政"(研)091-031号，2002年4月1日。参见http://www.npf.org.tw/PUBLICATION/IA/091/IA-R-091-031.htm。

故事三　谁说鹰目中无龙？

西方学术界流传着这样一则笑话：一个人在路灯下找他丢失的眼镜。别人问他，你的眼镜是在这里丢的吗？他说不是。人家奇怪地问，既然不是在这里丢的，那为什么你在这里找呢？他回答说，因为只有这里有路灯，看得见。这则笑话不仅是对西方学术界长期以来固有的实用性、片面性的一种自嘲，更是西方思维方式的一种写照。

人们总是从自己熟悉的事物出发，潜意识中把认识对象与自己熟悉的事物类比，产生所谓“镜像”（Mirror image）问题——镜像假定“其他领导人、国家和团体等具有与分析者熟悉的对象相同的动机和目标”。

美国对中国的认知悖论，也源自这种认识镜像，并强化于美国人特有的自信和无知。

我们经常自豪地讲，中国了解美国，远甚于美国了解中国。事实看来的确像是这么回事。且不说我们的读者，倔强的美国领导人看来是不了解中国的。美国国防部长拉姆斯菲尔德来中国做客，还在大谈中国军事开支不透明，一心想窥视中国军力的家底。不明白美国阳刚文化推崇“透明威慑”而中国阴柔文化不显山露水、藏于九地之下的“模糊威慑”两者的区别，其潜在的逻辑正如一句美国谚语所言——适用于美国人的也应该适用于中国人，即使美国人认为中国人正变得有点傲慢自大。

果真是美国不了解中国吗？其实，问题没有了解和不了解那么简单。在信息化时代，美国不想了解中国还难呢。只是为了对方的政策需要，有意的误解倒是常常发生。看来不能简单说美国不了解中国而中国了解美国，而是要区分这里指的美国，是美国政府、美国人还是美国精英？中国了解的美国，是美国政府还是美国社会？

就政府层面而言，美国国内也有人承认美国不是中国的对手。《华盛顿邮报》2005年8月1日刊出中国美商商会前会长麦健陆（James McGregor ）的文章，指出美国政府对中国了解太少，玩不过中国政府，中国政府了解美国的程度远超过美国政府对中国的了解，因此，中国政府处理美国问题远比美国处理中国问题高明。中国的领导阶层、外交官和官僚体系看待美国有明确的架构，对美国的政策制定和执行有重点且很一致。相对的，美国政府看中国没有重点、内部各持不同看法，且通常缺乏充分的信息，白宫、国会、国防部内部对中国都有各种不同的看法，加上不妥协的内部政治文化，使美国几乎不可能制定出协调一致的中国政策。

他表示，自古以来中国外交政策的核心是以夷制夷，挑动蕃人自相互斗，所以美国国会代表团在人民大会堂会晤中国官员时，不同立场的美国议员当面互相叫骂，让中国人很高兴。

当然，美国的中国通是不同意这种说法的。他们显然更迷信自己的世界观和方法论。说他们不如中国人长于抽象宏观思维、洞察力与定性分析，他们肯定不高兴。可是死抱着美国视角、美国观念的不少美国中国通，正如在“中国威胁论”问题上所呈现出的，不断在制造“自我实现的预言”。

美国为什么不了解中国？是不愿意了解吗？显然不是的。真正像麦健陆那样的美国人毕竟少数，多数美国精英很少承认不了解中国，或者根本就没有这个概念。美国不少议员从未到过中国，对中国指手画脚时，哪里想到自己不了解中国啊！

看来，问题是角色转换到时候了没有。正如一个笑话讲的——财主对长工说，没有饭吃，怎么不吃肉呀？

马克思说过，学好外语，必须先忘却母语。秉承“凡是有利于美国，必将有利于世界”观念的美国人，如何能忘却美国、设身处地为他人着想？从这个意义上讲，美国人不放下身段是注定了解不了中国的——了解了也不能很好地理解中国。

所以，美国不是不了解中国，而是他们太美国了。这再次证明了一句话——偏见和无知往往来自傲慢；而傲慢的基础是中美间的力量对比。正如亨利·卢斯基金会的副董事长罗兹所言：“美国人对中国的感情是一个爱恨交织的历史循环，对中国的看法也充满了矛盾。当中国国力衰弱、疆土分裂时，中国在美国的形象往往比较正面，但当中国强大并具备向外发展的潜力时，在美国的中国形象则易趋于负面。”[①]美国人对中国的这种不确定和自相矛盾的看法将会深刻地影响到日后中美关系的发展。美国有句谚语说得好：我听到的会忘掉，看到的能记住，做过的才懂得。看来，一切待中国崛起彻底打破美国神话时，美国人便自然了解中国了。

当然，中国人看美国也存在类似的盲区，尤其是以自我为中心的盲区。自晚清国门被强行打开之后，中国人的“天下观”不得不变成了“世界观”。但中国人看世界，脱不了一个特定的中国视角。中国人看“世界”，看见的往往是“中国与世界”。就是说，我们对这个“世界”的认识总是由“中国”这个前提决定的，“世界”往往不过是中国人特定兴趣、利益、欲望和想象的投射。

注

① 卢咏：《美国人眼中的中国政治形象》，《华盛顿观察》周刊（*Washington Observer weekly*），第29期2003-07-30。

研究中国人眼里的世界，得到的更多是中国人的自我认识，这并没有什么不可理解。把“中国”换成任何一个别的国家，情形大概也差不多。问题在于，久而久之，习惯成自然，原先主观的东西又不知不觉地变成了客观的东西；原先只是自己相信的一转眼也要别人相信，甚至相信别人本来就应该相信。这种事情听上去问题很大，但实际中却还不至于造成大害。因为此国有此国的“世界观”，彼国有彼国的“世界观”。在不断的摩擦、冲突、斗争、磨合过程中，自会产生出某种客观平衡（虽然结果从来都不见得理想或合理）。最终，人类不同群体的“自我意识”都不得不承认和尊重“他人”自我意识的存在，认识到没有他人的承认和尊重，自己的存在不过是一个自我中心的臆想。说到底，没有无数自有主张、不买你账你也拿他没办法的“他人”找麻烦，“自我”就永远走不出自我幻觉的婴儿期，也就根本不成其为自我。在现代西方种种有关“主体”的论述里，这是从黑格尔“主人与奴隶的辩证法”到拉康（Jacques Lacan）“无意识是他人的语言”一路讲下来的经典理论。

此外，中美间的认知悖论也是两国人看世界角度存在差异的结果。

“东西方人对世界的看法不同”，对这句话通常的理解是东西方人会以不同的视角看待这个世界。有意思的是，研究人员发现，东西方人在用肉眼“看”世界时，还真的存在差别。东方人倾向于先看物体的背景，而西方人目光直接，倾向于先看物体本身。

看物体：西方人目光直接　东方人目光迂回

美国密歇根大学研究人员对25名欧洲裔学生和27名华裔学生的眼睛活动进行仔细观察后发现，这些学生在看指定图片时，目光会停留在不同区域，并且停留的时间也不同。研究显示，欧洲裔美国学生更注意图片近景中的物体。比如丛林中有头美洲豹，他们的目光会长时间停留在豹子身上。华裔学生则更习惯于花时间观察图片背景和整体，并且会在背景和主体之间来回移动目光。研究小组组长理查·尼斯比特得出结论："他们'看'世界的方法确实不同。"

在另一组实验中，研究小组请来一些美国人和日本人观看并描述所见水下图片。美国人的目光直接落到了图片中最明显或在运动中的物体上，比如三条鲑鱼在游水；日本人则描述他们看到了水流，水是碧绿色的，水底有岩石，最后才提到鱼。

项原则文化差异：西方人我行我素　东方人看重和谐

尼斯比特就"看"法上的差异提出了自己的"文化差异说"。"亚洲人生活的社会环境更复杂，"他说，"他们比我们更需要留意别人的看法。我们是个人主义者，可以我行我素。"①

尼斯比特认为，和谐是中国文化的核心。相比之下，西方人只关心如何完成一件事，而不在意他人感受。他还进一步分析，这样的文化差异可追溯到几千年前的农业制度。在古代中国，农民由于需要共用水源，每家每户需要好好相处并保证互不侵犯。而在西方，当时希腊农民大多以种植葡萄和橄榄为生，像小商贩那样独立经营着自己的土地。尼斯比特举例说，当古希腊科学家亚里士多德看到岩石沉入水底时，他想到重力。但他不会想到水本身。而中国人会把所有与沉浮相关的因素考虑进去，这也是为什么中国人能比西方人早几百年认识潮汐变化和磁场引力的原因。

在美国，无论是人生观、爱情观，还是婚姻观、教育观，都与我国的传统文化有着极大的差异，这些差异在两国的谚语中都有很明显的体现。②

1. 人生观的差异

在美国的《独立宣言》中曾写道"the pursuit of happiness（追求快

注

①《东西方人对世界"看"法不同 东方人目光迂回》，《新闻晚报》2005年8月24日。
②《学习中美谚语了解中美文化》，参见http://www.bac.edu.cn/tdeparts/zhiwukexuejishuxi/newsite/upfile/2004090801.doc。

乐），是人与生俱来的权利”美国人认为应该在有生之年尽情享受生活。“Eat drink and be marry for tomorrow we die（吃喝玩乐吧，明天还不知是死是活呢）”，这样的谚语活生生地体现了美国人及时行乐的思想，这种论调在国人惯用的谚语中很难找到，我们中国人讲求“食无求饱，居无求安”，是“箪食瓢饮在陋巷”却“不改其乐”，较之一味享乐，中国古人倒更愿忍受一些身体上的痛苦去“求道”。

2．家庭观的差异

中国人一向有着很强的家庭观念，几千年自给自足的小农经济使人们惯于，安居家中，觉得“金窝银窝，不如自己的草窝”。而美国的家庭关系就松弛多了，如美国国歌中所唱，美国是“the land of the free and the home of the brave”（自由者的土地，勇敢者的家园），孩子一旦成年，父母与子女双方都愿意分开居住，表现出一种较为淡薄的家庭观念。

3．爱情观的差异

在婚姻方面，美国人则特别注重爱情这一前提，“All’s fail in love and war（爱情和战争不择手段）”；“love and a cough can not be hid(爱情和咳嗽都掩藏不住)”；“One love drives out, another（新爱来，旧爱去）”；“love is love’s reward.(爱情只能用爱情来报答)”；“love will go though stone walls; No herd will cure love（无药可医相思病）”；“love is blind.(爱情是盲目的)”等等，而中国的传统婚姻由“父母之命，媒妁之言”促成，讲求“嫁鸡随鸡，嫁狗随狗”，传统的旧式婚姻中真正两情相悦的夫妻少之又少。

4．教育观的差异

"养不教，父之过；教不严，师之惰"是中国妇孺皆知的重教风尚，严教使中国家长认为"没有规矩，不成方圆"。而美国人对待孩子要少几分严厉，多一些民主，他们惯以"Boy will be Boys(孩子总归是孩子)"的态度来看待孩子的行为。美国人把知识看作是一种改造世界的工具。对于"Knowledge is power"这一美国人奉为金科玉律的谚语的解释是"Knowledge is tool that can be use to control and change the world(知识是可以用来掌握和改造世界的工具)"。

美国中文教育的权威之一、普林斯顿大学中文部主任周质平认为，中美文化比较采用的一个基本方向是同中求异，一提到比较就要求大家从相同的里面找出不同来，但如果换个角度，即异中求同的话，"你会发现21世纪的北京人和21世纪的纽约人或者是华盛顿人没有大的不同"。他指出，同中求异的思路往往导致用美国的标准来批评和分析中国的事务。1988年周质平第一次回到中国，"我一开始回来也是从美国的角度来看中国的事情，后来渐渐意识到该怎么样从中国人的角度来看中国，如果以这种角度来看中国，就会发现在很多美国人看来不合理的事情，在中国人看来其实是有它的道理的"。[①]

美国人的性格，可谓死不认输，永不向命运低头，这一文化特质可以从美国影视作品中略窥一二。《回到未来》(*Back to the future*)一共有三集，每一次都是一老一少主角两人透过时间机器改变历史，到最后一团糟时，男主角仍然凭自己的克制逃过了一场车祸，之后他兴奋地说："没有命中注定！未来是在我们手里。"《未来战士Ⅱ》(*Terminator II* 又译《魔鬼终结者II》)也是宣扬这一主题的，女主角知道核子战争快要爆发，她用刀在台上刻了"No fate"（没有什么是命中注定的）两个字，然后单枪匹马去刺杀发明杀人武器的科学家，最后几位主角联手，阻止了核战发生。因此，多数美国人反对历史循环论，有历史终结论的冲动和优越感；而中国人则笃信"三十年河东，三十

注

① "美国未来精英重新认识中国"，《国际先驱导报》2005年8月19日。

年河西”的逻辑。当然，现代市场经济条件下成长的中国人，许多方面有与美国人性格趋同的一面，使得两国人民沟通起来比以前容易。

有鉴于此，如何认识真实的美国？苏诗说“横看成岭侧成峰”，认识美国恐怕要回到美国国内制度与行为自身的逻辑来考察美国行为，同时结合世人所感受到的美国的所作所为对世界所造成的影响。比如，如何认识美国的国际地位？是二战刚结束时高还是冷战结束时高？从美国权力本身看，回答肯定是后者，因为冷战结束后美国成为唯一的超级大国；但从美国权力被世界接受的程度看，显然是前者。二战结束时美国在欧洲的力量存在因为“马歇尔计划”而广受西欧民众和政府欢迎，在世界其他地区因为需要美国的安全保护，美国大兵受到广泛拥戴，而冷战后美国力量却遭世人憎恨，终致酿成“9·11”悲剧。

因此，一厢情愿的单方面理解美国，结果往往是神话美国，于美于己皆不利，常常是庸人自扰，贻害不浅。外交上，容易造成对美工作莫名其妙的软弱。难怪外国人总认为“中国只懂现实主义，中国外交不再如毛泽东时代可爱了！”以此心态研究美国，只能因“观念创造理论”而剪裁事实——在中国看到的资料往往容易得出神话美国的结论，兼之受众的期待，学问的浮躁，很容易冒出许多“战略家”来。

种种事实表明，国人常常不自觉地按照中国人的方式理解美国；当然，美国也按自己的方式理解世界。这似乎是个悲剧。因而所谓美国的神话往往是国人编织出来的，它存在于我们的内心。独立自主的中国外交、成熟大方的国人心态急需打破美国的神话，塑造健康的大国心态；中国外交如果不是去戳穿美国神话，至少不应该去塑造美国神话。

第六篇

反射美国：美国神话将如何终结？

美国是全球化时代的神话；美国神话也必将终结于全球化时代。

——作者

The Mythed America 6

古希腊神话的魅力在于它再现古希腊人把人当作目的的天真；美国神话的魅力也就在于美国人把国家当作目的的天真。马克思说，“任何神话都是用想象和借助想象以征服自然力，支配自然力，把自然力加以形象化”，“也就是已经通过人民的幻想用一种不自觉的艺术方式加工过的自然和社会形式本身”。“随着这些自然力实际上被支配，神话也就消失了。”①马克思所说的神话是古希腊神话那样的文学形式。在现代的美国神话中，自然力尤其表现在历史的演绎上。如此说来，要让真实的美国显形，必须拿还原镜之类的东西反射美国神话而使之回归其本位。

终结历史的冲动大概伴随着历史的展开就有，先是帝国的实践者，后来是具有浓重未来情结的哲学家们；只不过帝国的实践者习惯于从政权和霸权永存的角度来终结历史，而哲学家们则从历史演绎的终结状态来展望未来。在中国，始皇希冀传位于万世，大有终结中国历史于秦的气派；大同世界理念，则描绘了历史终结的理想画卷，数千年来，涤荡中国士大夫的心，直至孕育出中山先生“天下为公”的革命情怀。在西方，罗马帝国的文治武功也有终结西方历史的气势；但丁的“世界帝国”思想也

注

① 《美国未来精英重新认识中国》，《国际先驱导报》2005年8月19日。

在探讨一劳永逸终结历史的快感。但明确提出“历史终结”思想的是黑格尔、康德、马克思等近代西方先贤，其本意是对历史演绎之未来进行哲学探讨，而只有傲慢无知的美国学者才拾人牙慧得出结论说，美国式的自由民主制度意味着历史发展的终结方向。如此说来，是否意味着天定命运观的完成，美国例外论演变成普世美国论？

当然，美国向来是去美国化，而喜欢以西方的代表或自由民主的化身自居。在冷战结束后不久，吹响“历史终结”号角者，日裔美国学者弗朗西斯·福山是也。在《历史的终结及最后之人》一书中，福山的原话是：“自由与民主的理念已经无可匹敌，历史的演进过程已经走向完成。目前的世界形式不只是冷战结束，也是意识形态进化的终点。西方的自由和民主已经是人类政治的最佳选择，也是最后形式。”

福山进一步解释说：“历史终结并不是说生老病死这一自然循环会终结，也不是说重大事件不会再发生了或者报道重大事件的报纸从此销声匿迹了，确切地讲，它是指构成历史的最基本的原则和制度可能不再进步了，原因在于所有真正的大问题都已经得到了解决。”①

在思想史上，乐观论者总是遭到历史的奚落；在艺术史上，悲剧往往经久不衰。这倒不是说人类悲剧不断，而是悲剧更具震撼力，给人警醒和启迪。福山理论的命运早在其提出“历史的终结”一刻就宣判了——其实他也不是首先提出“历史的终结”一说的，只是在冷战刚结束的历史敏感时期翻出历史哲学

注

① 【美】弗朗西斯·福山著，黄胜强、许铭原译：《历史的终结及最后之人》，中国社会科学出版社2003年版，代序第3页。

的旧账而掀起波澜。沉浸在冷战终结的欢呼声中，人们还无法发问——是历史的终结还是美国神话的终结？

而这样发问，现在恰逢其时。答案是，美国神话的终结。简单说来，终结美国的方式有三：美国反对西方，美国反对美国，美国反对世界。美国反对西方，使得美国的西方性失去其根；美国反对美国，使得美国的美国性失去其本；美国反对世界，使得美国的世界性失去其心。

射线一 美国反对西方？

先说美国如何反对西方的。让我们从欧洲看美国，体会一下欧洲人的美国印象。

2002年夏，笔者赴法游学三月，最大收获就是对西方的概念更全面了，深刻体会到光从美国了解西方是不够的，美国是世界化了的西方表象，欧洲才是它的根。

法国人如何看待美国？看看电视就知道了。我每晚8点前后都要与房东一道看Canal+频道的政治木偶剧，本·拉丹是常客，布什也不例外，后来又轮到萨达姆。法国人借助这种形式讽刺国内外政治，直让老百姓乐开了怀。

但另一方面，新闻热点，除了法国国内事务和欧盟外，就是美国佬了：华尔街股市呀，美国总统的一言一行哪，等等。可以说法国人对美国是既爱又恨，这种心态充分体现了法国理性的无奈。

在尼姆参观，导游在角斗场外解说，突然大街上传来尖锐的摩托车声。只见一辆辆插着美国国旗的摩托风驰电掣地驶过，人们侧目而视，怒而不言。法国的大街上最讨厌的也是这种摩托车，每次经过时都刺耳而招摇，真可谓现代对古典的背叛——习惯于古典式优雅生活的法国人怎么就能容忍现代的野蛮？个中原因，大概解释了法国人对美国人的心态。

目睹了美帝国主义的嚣张，在香榭丽舍大街，我又巧遇史泰龙，又是另一番情景。法国影迷们争先恐后与其握手、致意、签名……

于是我领悟到，法美毕竟同属西方，在巴黎政治科学院听“9·11”大辩论更能感受到文明的含义。在西方，法美关系犹如情人与妓女，味道不一，相互指责，但干的都是一个行当。

可是情人间总是争相吃醋，互卖风骚。美国人说，欧洲只不过是博物馆；欧洲人则斥美国为利坦维、暴发户。由于对西方文明源头——古希腊/罗马文明的不同方式继承，导致法美矛盾这一文明内冲突。伊拉克战争前后，法美就在联合国斗法，本质是斗气而非仅仅斗利，因为法美冲突是理念之争而非结构性矛盾。

尽管冷战结束后欧美纠葛不断，但美国与欧洲仍然有割不断的脐带：两者本质上同根同种，宗教信仰、价值观念与身份认同都类似，只不过如法国前国防部长让·皮埃尔·舍韦纳芒指出的，“‘西方’一词往往掩饰的是接受对美国的某种隶属关系”。仅由于欧洲军事上的软弱，导致“老欧洲”在伊战后纷纷主动向美国示好。

老欧洲一方面靠美国维持西方在世界上的优越地位，另一方面又纷纷与新美国划清界限，批评美国反对西方。伊拉克战争后不久，哈贝马斯、德里达等欧洲思想巨匠对伊拉克战争深层反思，纷纷撰文提出打造“核心欧洲”的构想，塑造欧洲新理念。哈贝马斯与德里达表示，应该寻找一种能带动欧洲联合的共同价值观。这种统一的欧洲价值观将体现在未来的世界政治设计上，说得更明白些，就是用一种建立在国际法基础上的国际政治秩序抗衡美国的超级霸权政治。这再次表明，法美矛盾乃理念之争，导致欧美同而不和。

欧美之同，在于同舟共济，因为欧美命运似乎总是捆绑在一起。“西方的没落”曾经成为一个世界性命题，可惜“美国的没落”只是在保罗•肯尼迪的《大国的兴衰》等书中算命般的未来式判断，还鲜有学者进行现在式的剖析。福山所言历史将终结于西方的民主自由，其实他是借助西方的字眼表明历史终结于美国神话。可惜，这是本末倒置的冲动，不是历史的终结，而是终结的历史——这种历史就是美国神话的历史。真是“上帝要其灭亡，必先使其疯狂！”哲学家提出的话题，只有美国的政治学家敢承接，善扭曲。

福山在《历史的终结及最后之人》中指出：历史的终结行将来临，未来将是自由市场和议会民主政体全球化的时代。德里达借助幽灵的范畴，批判了福山的全球化思维，他认为所谓全球化无非是西方发达国家在国际贸易输出中谋求霸权，并试图把西方的政治体制和经济体制推行世界，是典型的密谋者的阴谋。

美国终结历史的冲动，其本质是不仅成为西方的代言人，而且成为世界的未来，使世界终结于美国。对此，作为世界一部分的欧洲已有觉察，并多有抱怨。《美国制造》一书的作者一针见血地指出——美国背叛了欧洲传统！

173年前，一位叫托克维尔的法国年轻人写出了《论美国的民主》一书，引发轰动；而今，一位叫居伊・索尔曼的学者循着前辈的路，写出一本《美国制造》。索尔曼直言对美国的热爱，他认为“热爱这个时代就要热爱美国”。他抱怨说，外界对美国的对外政策了如指掌，但对美国内部社会又了解多少呢？索尔曼曾经担任法国外交部长顾问，负责对外文化活动，也曾在斯坦福大学、哈佛大学担任客座教授。他的观点是，美国的文明是一种独特的文明，不能也不应该和欧洲文明混为一谈；很久以前，美国人就不再是欧洲人了。索尔曼写道："美国文明仍然是一种西方文明，但却不再是一种欧洲文明，欧洲人更愿意把美国人看作欧洲人的表亲。"①

欧美同宗，在国际舞台上又是盟友，东方人习惯称之为"西方"，然而，

"9·11"以来欧洲反战、反布什的呼声异常强烈，给外界的信号是欧洲反美。尤其是法国，总是奉行独立自主的外交政策，是美国不听话的小兄弟。

索尔曼先生不认为欧洲反美，而是要具体问题具体分析。比如在法国，40岁以上的人讨厌美国，而40岁以下的人热爱美国文化，"都快变成美国人了"。关于欧洲对于美国的反感，索尔曼说，原因在于美国背叛了欧洲的传统，欧洲是天主教，美国是基督教，另外，美国背离了欧洲知识分子的传统。

法国人和中国人对美国的态度有诸多相似之处。1964年，法国在西方国家

注

① 【法】居伊·索尔曼：《美国制造——凝视美国文明》，中央编译出版社2005年版。

中第一个冲破阻力和中国建交，近年两国的文化交流更是搞得火热。索尔曼总结说："我们法国人和中国人，对美国既向往，又气愤。"他解释说，在生活方式、风俗习惯、思维模式和工作方式以及消遣中，我们正在引入美国文明的许多特色。这一切都是通过电影、电视、音乐、消费品以及宗教崇拜的方式来实现的。同时，无论是法国人还是中国人，都坚守我们各自的文化个性，并认为这种个性至少正受到世界范围内的美国化的严重威胁。

看来，美国与西方的关系，还要从思想观念根源来探究。自由、平等、博爱是西方的三大箴言，其地位犹如儒家之仁义礼智信。然而与东方哲学不同的是，西方哲学理念是内外有别的——自由更多是对自己而言，平等、博爱则是对他者讲。正如宽容。西方所谓"宽容"，按照赵汀阳先生的说法，只有当根据自己的价值观非常反感某种事情而又出于某种信念决心容忍那种事情时，才是所谓的宽容，或者按照德里达的说法，是对不可宽容的东西的宽容才说得上是"宽容"。不幸的是，美国在世界上的自由，比如自由地使用石油，自由出入世界安全通道，不时是以其他国家的主权和安全为代价的——海湾战争和伊拉克战争一再说明了这一点；美国追求的是美国人和美国同类人的自由，民主、人权常常是干涉他国内政的通行证，而一旦划定不与美国同类，便成为美国式平等博爱的阳光照射不到的角落。从这个角度讲，美国有免费午餐，但没有免费的、无差异的平等与博爱。

美国人之所以为美国人，是靠对内认同（identity）——认同《美利坚合众国宪法》、信仰神——来确定的；而其他国家的身份（identity）则是靠外在对其印象——你区别于其他国家的标志是什么——来塑造的。这是美国和其他国家的最主要区别，也为美国例外论培植了土壤。

美国自诩为人类意识形态的领袖，恰恰是意识形态的弱者。美国的立国理念建立在"美国信念"基础上——这种信念并非美国特有，而是来自西方，源于世界，因为其并非传统文明形态，更由于其反对西方，背离传统，故如流沙，撑不住美国全球霸权的大厦。这就是美国神话的悲剧结局。

一个流传甚广的关于美国政治的笑话也许有助于说明美国民主作为“皇帝的新衣”的实质：

一天，小约翰回家问父亲：什么是政治？父亲道：不大好说清楚，我打个比方吧。我们家里，我赚钱，我是资本阶级，你妈妈掌管财政大权，她就是内阁。我们负责你的一切费用，你就是民众。保姆就是工人阶级了。而你的小弟弟，我们叫他前景。

小约翰说：不大懂。

父亲道：你慢慢去体会吧。

夜里，婴儿尿床了，小约翰想去叫妈妈来换尿布。他打开父母卧室的门，看到母亲一人睡在床上，不想吵醒她，于是又关上门出去了。然后他想去叫保姆，却看到父亲和保姆睡在一起，他也没吵醒他们。

第二天，小约翰对父亲道：我明白什么是政治了。

父亲道：哦？那你用我昨天的话说一遍看看。

小约翰道：当资本阶级和工人阶级勾结的时候，内阁睡着了，民众对此视而不见，而前景则是一片污秽。

射线二　美国反对美国？

“尽管我们或许知道发生了的为何突然发生，我们仍然懵然无知为何一切发生了。”匈牙利转型经济学家卡尔·波兰尼的这句话，颇有点绕口令的味道，但用来形容2007年6月发生的弗吉尼亚理工大学枪击案件，是再恰当不过的了。

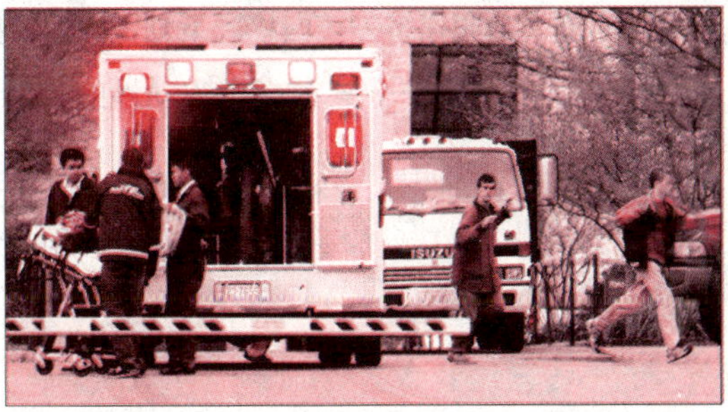

当地时间16日7点15分，美国弗吉尼亚理工大学发生恶性校园枪击案，枪击造成33人死亡，枪手本人开枪自尽。制造这起惨案的是23岁的韩国籍男子赵承熙，弗吉尼亚理工大学英语系四年级学生。在这一美国现代历史上最为血腥的平民枪击惨案发生后，美国又发生了多起校园枪击案件。在几乎人均人一把枪、每年要发生一百多万起枪杀事件的美国，弗吉尼亚案件只是冰山之一角。这固然与独立战争传统——美国独立战争的第一枪由列克星敦的民兵打响，事件的导火索就是英军要收缴枪械——西部精神、金钱驱使、不安全感等有渊源，然而，一再撕伤美国社会良知的枪击案件，就像美国肌体的毒瘤，浓缩了美国社会病的顽症。究其实质，枪击案件揭示的是美国性的种种悖论。

美国性的悖论一：移民国家与社会认同

“美国是一个移民国家，那些选择下赌注，到一个遥远的地方碰运气的人充满能量，愿意冒险”，约翰·霍普金斯大学心理学家约翰·加特纳说。对大部分的移民来说，这种情况转化成了启动的火花激励他们在新获得的土地上争取成功。然而，对于少数人来说，冒险加上冲动可以为他们创设一个暴力的舞台。作为世界最大的移民国家，美国暴力事件频仍也就不足为怪了。

如果语言和文化障碍使得一个移民的孩子不能适应新环境，它会增加这个孩子疏离社会和人群的风险，加上有足够的触发机制，就会诉诸暴力。社会学家注意到，暴力犯罪率在流动性和异质社会中都是较高的，在这种社会中，移民很难落地生根和建立社会黏合剂，把不同的人们融合进一个社会中。近年数起美国恐怖袭击阴谋多为美国移民策划，因为他们更认同本·拉登而非美国宪法。

美国，当然是一个具有高度流动性的社会，其结果，使他成了一个充满陌生人的国度。

美国性的悖论二：个人主义与社会平等

一般说来，收入差距大的国家也会有更多的谋杀和暴力事件发生。美国在这方面高居榜首。也许作为一种巧合，赵承熙抱怨说："你们有了奔驰车还不够，你们这些大少爷，你们有了金项链还不够，你们这些势利的人。你们有了信托基金也还不够。你们的名酒也还不够，你们所有糜烂的奢侈都还不够。这些都不足以满足你们享乐的需求。你们什么都有了！"

托克维尔等先贤早已觉察，美国人的性格早已经在开疆拓土的时代就形成了。那个时代，他们远离了欧洲大陆的文明和法治，由那些把正义掌握在自己手上的粗鲁的个人来创造出他们之间的规矩。

如今，这种"美国人的性格"在韩国新移民——赵承熙身上得到了体现。他自小随父母移居美国，在美国生活了15年，他不可能不被美国文化中这种竞争剧烈、极端个人主义的方面所熏陶和浸润，这就是杀手用枪说话的"平等感"。

个人主义加剧了他们的不公平感，而在一些暴力低发国家，不公平感只会是一种遭受委屈的感觉，就像日本忍文化那样。因此，日本的自杀率比较高，而美国的他杀率比较高。

美国性的悖论三：个人自由与社会安全

“自由是要付出代价的（Freedom is not free）”，这是华盛顿广场战争纪念碑旁的一句话。美国领导人也时常用这句话来安慰自由泛滥的牺牲者，激励海外将士推广美国自由的行动。反恐时期，自由与安全的悖论更显突出。

由于认为人性本恶，主张以恶制恶，因此美国大部分公民（60%～70%）仍然支持个人拥有枪支的权利，认为禁止私人拥有枪支就等于一点点地侵蚀宪法在美国人心目中的地位，无视美国保护人权的根本。更有人认为，凶手赵承熙是一个疯狂的人，心理异常，弗吉尼亚理工大学本应该对这样的学生进行心理测试，将之列入禁止购枪的名单，那么他就不可能买到枪了。但正是由于学校和弗吉尼亚州没有按法律行事才酿成了后来的悲剧。然而，在美国，只要你没有被证明犯罪，你都是无辜的——这同样是一条非常重要的公民权利。直到赵承熙杀了人，警方和校方才能够采取行动制止他。这就是所谓“自由是要付出代价的”潜台词。

斯坦福大学历史学家劳伦斯·弗里德曼在沉思这种现象后说：“它一定是来自于美国人个性人格中的某些深处，美国人生活中的那些特别的因素使其如此。犯罪也许已经成了自由的一部分代价。”

美国性的悖论四：虚拟世界与真实生活

凡是讨论美国文化中的暴力行为，无不提到充满血腥暴力的电子游戏。在荧屏显示出的不断增加的得分表前，一个个孩子变得具有越来越多的侵犯性，当然，这更多的是欺负小妹妹的那种侵犯性。而且，还有证据表明，暴力性的电子游戏对人有麻木作用。

电子游戏带来的侵犯和冷酷，在美兵的虐俘事件中也得到了极好的展示。真实生活的苦闷，通过虚拟世界发泄出来；当这种发泄成为惯性时，一旦混淆了现实与虚拟世界的边界，便会造成一幕幕悲剧的发生。

美国性的悖论五：民主政治是利益政治

共和党人身为个人自由的坚定卫士，始终为个人的枪支权利充当喉舌，而关怀公民人身安全的民主党则每每在枪击案后跳出来推动枪支控制法案的出台，但每次都为此付出沉重的政治代价，因此在2008年大选临近的当下，民主党这次也学乖了。其实，自由主义色彩浓厚的民主党总体倾向对枪支加强管制，而共和党几乎反对任何管制。共和党人认为，需要去管的应当不是枪，而是谁来使用这支枪。正是两党的争论不休，使得枪支管制成为美国政治中的经典议题。近年来，其争议性和重要性甚至超越了堕胎问题。

交织在枪支管制问题上的党派之争，归根结底是利益集团政治的反映。以“全美步枪协会”为首的枪支权利组织和以“布雷迪运动”为首的枪支管制组织之间已经激烈交锋了30年。

美国性的悖论六：道高一尺，魔高一丈

“在美国，人们十分珍视个人自由，即使这与其他的合法需求抵触，比如整体上的公众安全。允许美国人拥有、携带枪械的权利已经深深地植根于美国很多地区的乡土文化中，从美国南方到中西部，以及西部的落基山脉地区。无论是美国的政党，或是总统候选人，都很难改变美国文化的这一定式。”美国弗吉尼亚大学政治学教授拉里·萨巴托说。的确，美国的50个州中，44个州的

法律都有明确保护公民持枪权利的条款。

事实上，全面禁枪从来就不是美国人的选项，真正能够讨论的只是枪支管制问题。但是，管制条例越多，规避条例的方式也越多，真所谓“道高一尺，魔高一丈”。毕竟，持枪权利对于美国社会而言是个涉及自由价值观的问题。在1975年出版的《美国枪史》一书中有这样的叙述：“枪支是秩序的象征和保守主义的图腾。”个人的持枪权利还拥有很难辩驳的法律依据。从建国之初一直沿用至今的宪法第二修正案明文规定，“管理良好的民兵是保障自由州的安全所必需的，因此人民持有和携带武器的权利不得侵犯”。

美国性的悖论七：世界围绕美国转

为什么令其他国家匪夷所思的校园枪击案件，在美国一再发生？为什么今天的美国仍然在上演西部牛仔时期的悲剧？究其根源，是美国人以我为中心的思维方式，世界（时代）只是我生活的背景——它动我不动。

在弗吉尼亚枪击案发生的几个小时后，一个名为“美国持枪者”的组织在网站上发表文章，认为问题出在校园禁枪，并指出“如果校园内有人持枪自卫，凶手就不会放肆和得逞”。“应注意，只有犹他州和俄勒冈州允许人们携枪进入校园，而正是这两个州从来没有关于学校枪击案的报道。”“美国持枪者”的负责人说。

Gunman kills 32 at Virginia Tech, commits suicide; shooting rampage deadliest in modern U.S. history

A campus 'horrified'

这无疑是一个奇特到疯狂的逻辑。如此说来，暴力与自由，安全与危险，就一直伴随着美国社会，因为这本身就是美国的生活方式。要维持美国人的生活方式，美国觉得很累。如今，世界许多人反美，反对的却是美国引以为豪的生活方式，这不得不令美国人发怵。

回到波兰尼那句话，尽管我们或许知道枪击案件为何突然发生，我们仍然懵然无知为何一切发生了。看来，一幕幕美国反对美国的悲喜剧注定要在美国演绎下去。

威尔逊的故事则是历史上美国反对美国的典型例子。

第一次世界大战后，有感于战争的残酷性，美国总统威尔逊极力倡导建立国际组织，通过国际社会的对话协调来防止下一次战争的灾难，这就是成立国联的倡议。但是，美国民众中弥漫着孤立主义的情绪，一次大战本来和美国没有关系，美国没有从战争中得到任何东西，凭什么让美国小镇上的男孩们远渡重洋去受难、去牺牲呢？

威尔逊总统在美国到处奔走，呼吁民众支持建立国联，支持让美国参与国联事务。按照美国宪法，参与国联是一种国际条约，这样的国际条约必须得到参议院的批准方能成立，而国会议员是民众选出来的，是草根层的民众代表，

只有民众能够影响他们。只有先说服民众，才能争取得到国会批准。

可惜，那个时候的美国百姓看不到未来的世界战争会逼到他们头上，他们从来不想把手伸得那么长，他们不想干涉远处的事务，他们指望好自为之。孤立主义占了上风。威尔逊总统在全国各地演讲，直到中风瘫痪。1919年秋和1920年春，参议院两次表决都否决了美国加盟国联的条约。威尔逊呼吁全民公投没有成功。于是，由威尔逊倡导建立的国际联盟，美国却反而没有参加。唯一值得安慰的是，由于威尔逊总统对于防止战争的上述努力，他获得了1919年的诺贝尔和平奖。

生活在过去时代的美国人反对生活在未来时代的美国人，孤立主义只是历史的巧合，自由主义才是美国反对美国，而非仅仅美国人反对美国人的根源。美国建国者建立了一套立法、行政和司法三权分立的制度，这本来很适合一个独立而年轻的共和国，但现在已经危险地演变为服务于超级大国的制度。正如美国的先贤、前总统约翰·昆西·亚当斯所警醒的："美国恰当的外交政策应该是真诚希望所有人都获得自由，但只能是自身自由的捍卫者，美国不能到处去寻找恶魔加以消灭，如果那样美国就会卷入因争夺利益、阴谋、个人的贪婪、嫉妒和野心而导致的，却以自由的名义或盗用自由的名义而进行的战争之中，美国可能会赢得这些战争，但结果却成为整个世界的独裁者，甚至连自己的自由都无法保持。"[①]可惜美国的新保守派早就将先贤的警告置之脑后。这就是如今美国人挺身而出，举行各种反战示威，反对美国现行政府的武力外交政策的根本原因。

注

① 邓明辉：《析"美国优越论"的文化原因》，《教育艺术》2003年 1期。

美国人常常自豪地说“欧洲的民主之花，在美国结果”。的确，美国国父们创立美国时，是希望美国源于欧洲而盛于欧洲，希冀扬弃欧洲的民主传统，并升华为美国性，其关键有二：移民制度，开放社会的理念，这是美国活力的源泉；其次，政治正确性，这是美国性，使美国不同于欧洲，有别于世界。也恰恰是这两条在终结美国神话。其情形正如马克思和恩格斯在《共产党宣言》中所宣布的：“随着大工业的发展，资产阶级赖以生产和占有产品的基础本身也就从它的脚下被挖掉了。它首先生产的是它自身的掘墓人。”[①]

美国的创立，是按照欧洲民主观念，结合美洲大陆的特性设计的，自美国独立运动以来就是美国WASP。[②]盎格鲁－撒克逊民族是美国民主的主体实践者。由于移民不断进入美国，成为美国公民，原本属于白人的自由，由于广大有色人种的不懈斗争，迫使美国社会广泛接受了非歧视性原则，自由民主权利无差异地给非盎格鲁－撒克逊移民，但是民情异也，传统的民主游戏要么无法玩下去，要么不断异化。近年来的美国选举，投票率一直在鞭笞着民主的精髓。往往是不到一半人投票，其中也是一半多一点的人把票投给候选人，也就是说，总统、议员是四分之一的少数美国选民选出来的，沉默的多数现象已经在背离民主之少数服从多数的原则。除了空间的逻辑悖论外，选举的时间悖论也是明显的：就算不计较胜者通吃的逻辑缺憾，单从选举日的投票不能确保未来四年（总

注

① 《马克思恩格斯选集》第1卷，人民出版社1972年版，第263页。

② WASP（White Anglo-Saxon Protestant，白人盎格鲁－撒克逊新教徒）本义是指美国当权的精英群体及其文化、习俗和道德行为标准，现在可以泛指信奉新教的欧裔美国人。此群体拥有庞大的经济、政治势力，构成美国上流社会和中上阶层的绝大部分。尽管美国社会日益多元化，但他们的文化、道德观和价值取向仍在很大程度上影响着美国的发展。例如美国历史迄今44任总统，除爱尔兰血统的肯尼迪信奉罗马天主教外，其他人全部可以算是WASP。

统-副总统）、六年（参议员）、两年（众议员）的被委托人的权利合法性问题，人们也许可以得出结论说——选举已经终结！

西方把现代化教给了世界，然而其人数在世界总人口中的比例却越来越萎缩，不但已远远被非西方的人口所超过，而且除非发生常情无法预料的激变，还有最后被淹没的危险。正如李慎之先生在评述"文明冲突论"时所言，美国这口坩锅虽然在过去二百多年里(美国历史实际应从立国前的殖民主义时代算起)曾经熔化了从欧洲去的各个民族，但是现在却明显地表现出投料太多，老汁太少，火力不足，锅也太小，再也熔化不了越来越多的各种成分了。由于美国的式微，亨廷顿于是感慨——"西方已经没有经济的或者人口的活力足以把自己的意志强加于人了"。[①]

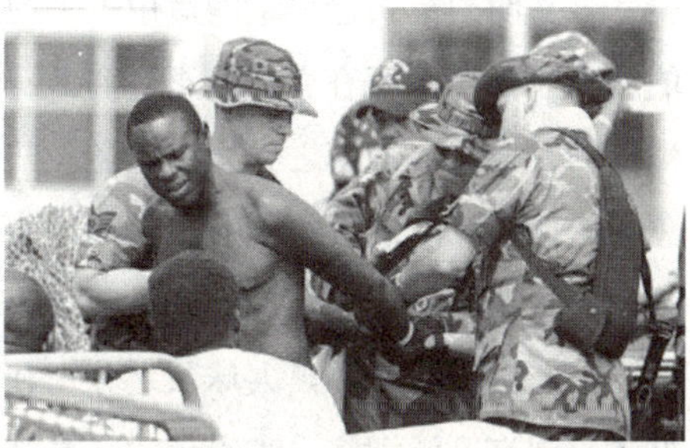

在亨廷顿发表"文明冲突论"时，美国《时代》周刊发表了《美国还是一个熔炉吗？》的"封面特写"，列举事实说明，由WASP主宰美国的时代正在过去，相反，不但它在美国已经成为少数而且以它为中心的全体欧裔移民，也就是接受美国价值的全体白人也即将成为少数。而几百年来一向受压迫、受歧视的黑人则已成为越来越活跃的少数民族，而且在一些最自由主义左派的白人所制造的理论支持下提出的非洲中心论还认为人类文明，包括欧洲文明都源出于非洲黑人，古埃及人、古希腊人都是黑人。他们反对美国以WASP的价值标准同化外来移民的原则，主张大学不再开设单一的教授西方文明精义的课程而要平等对待一切少数民族的母文化。

注

① 李慎之：《数量优势下的恐惧——评亨廷顿第三篇关于文明冲突论的文章》，《文明的冲突与世界秩序的重建》附录二（亨廷顿著，周琪等译），新华出版社1998年版。

李慎之先生指出，亨廷顿所谓的“西方文明的悖论”，其实是美国的自由主义已经发展到不容许人们有任何种族歧视、宗教歧视、语言歧视、性别歧视的公开表现。在几百年特别近几十年的自由主义与民权运动的传统下，美国已经出现了一个概念，名曰PC（political correctness），直译就是“政治正确性”。在美国要做一个政治上正确的人必须不能表露出任何歧视性的情绪，这已经约定俗成，越来越严。比如对黑人吧，本来叫nigger（黑鬼）也无所谓，叫negro则是正规的用法，现在这样的称呼完全可以挨耳光，起码要叫black，最文明正规的叫法是African Americans（非裔美国人）。

“文明的范式也许也能适用于美国……美国已经变成了一个肤色意识强烈的社会……美国正在变成族群和种族(ethnically and racia1ly)问题上越来越殊异的社会。”李慎之先生感慨道。其情形正如一个美国笑话讲的：美国一支著名的橄榄球队的教练因有严重的种族歧视而帅位不稳，他决定用自己的方式来解决这个问题。他把他的队员叫到一起，然后对他们说：从现在开始，我们队中没有白人球员和黑人球员之分，在我眼里只有绿人球员（队衣的颜色）。好了，现在开始训练，浅绿色的队员站这边，深绿色的队员站那边？！……看来，美国为了确保政治正确，越来越累，越来越虚伪而且还要不断虚伪下去。

据国情调查局估计，到2050年，美国人口中将有23%是拉美裔人，16%是黑人，10%是亚裔人。换言之，2050年是欧裔白人从多数变为少数的临界点。亨廷顿担心“如果新移民不能融入迄今为止支配美国的欧裔文化……那么美国人口的非西方化是否会意味着它的非美国化”。如果那样，“我们所知道的美国就将不再存在，而将随历史上其他思想体系不同的大国被扔进历史的垃圾堆了”。①

芝加哥外交协会公布的一份报告说，过去10年里，美国1／3的人口增长来

注

① 【美】塞缪尔·亨廷顿著，程克雄译：《我们是谁？——美国国家特性面临的挑战》，新华出版社2005年版。

自移民，并且过去10年劳动大军的增长当中，将近半数是由移民构成的。根据美国移民研究中心2005年12月13日公布的一项最新研究报告，从2000年到2004年共有790万名外国移民移居美国，这是美国历史上每5年普查一次的最高数字。报告同时显示，目前居住美国的外国出生人口共有3520万人，是1910年时最高移民潮时的1350万人的2.5倍，占美国全国人口的12.1%，这也是1920年以来的最高比例。在3520万外国移民中，约900万到1300万为非法移民。墨西哥是美国最大的移民来源国，其余依次是：东亚、欧洲、加勒比海国家和中南美洲。报告说，平均而言，外国移民的教育程度及生活水准都比美国本地出生的公民要低。

从肤色上看，白人仍占优势，但比例在减少。十多年前的美国80%多的人口是欧洲移民的白人后裔。21世纪初时，白人人口退居到只占75%，来自非洲的黑人有3400多万人，占全美人口的12%。黑人在21世纪以前一直是美国最大的少数族裔。来自亚洲的移民有1000万人，虽然只占3.6%，但是增长很快。新的调查显示增长最快的是褐色皮肤讲西班牙语的移民，他们也是美国人口最多的少数族裔，其人数首次超过了非洲移民，有3500万人，占美国人口的12.5%。西班牙语籍和非洲移民已经占据了美国人口的近25%，在青年人口的比例中更高居33%。他们增长的速度还在加快。再加上亚洲移民人口的增长，分析家过不了多少年，白种人将沦为裔！美国的人口构成将发生根本变化，这必将影响到美国的国家认同。

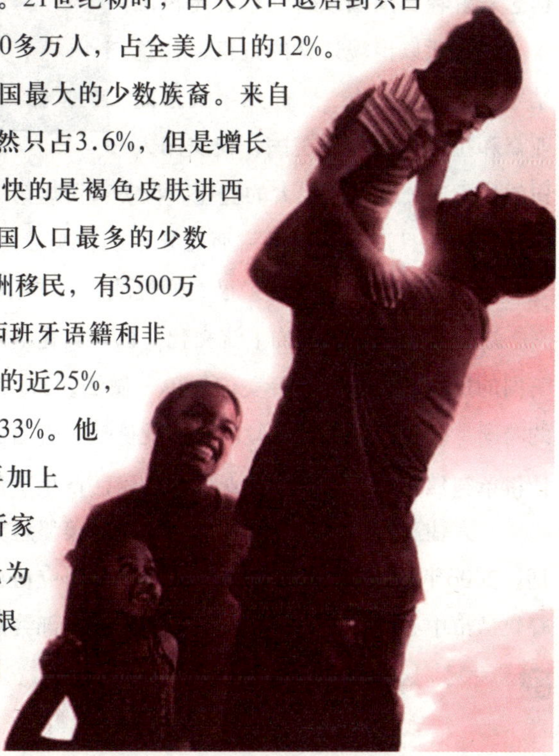

从聚居地上看，以西语籍、非洲籍和亚裔组成的少数族裔倾向于住在大城市里。在全国100座大城市人口中，1990年有70个城市白人占多数。10年后，白人占多数的城市降为52个。像在拉斯维加斯和凤凰城等快速成长的城市中、非洲裔增长速度为23%，亚洲裔69%，西语籍则高达72%，而白人仅增长5%。在100座城市中，白人人口总量已不及其他少数族裔的总和，这种趋势也还在加快。如此情形，使“合众为一”的美国立国理念难以为继。

大量移民的进入本身带来很多不同的宗教文化，在美国的政治体制之下，他们变成了同一种性质的美国公民。

在亨廷顿看来，这种信念在今天的美国已经出现了严重的危机，单纯依靠信念来解释美国国家特性已经是很困难了。之所以出现这样的危机，他总结了几点原因：1．最近几年大量的亚裔和拉美移民拥入美国，使美国人口的构成成分发生了很大的变化。拉美移民居第一位，其中大部分人是讲西班牙语的，而且形成了很多讲西班牙语的拉美社区，很多人不会讲英语，这首先对美国的语言文化构成了很大的挑战。2．美国的学院文化流行多元文化主义，这种浪潮挑战美国的主流文化，认为文化是没有高下之分的，它也挑战了美国的用美国信念来诠释美国的单一做法。3．美国的精英群体日益强调他们的跨国身份、世界主义的倾向，这就挑战了美国国家认同、国家特性。这样就使得单纯靠美国信念凝聚民众认同的做法产生了危机。①

“人往高处走，水往低处流”，我在美墨边界得以亲身体验中国的这句老话。2006年3月底，在圣迪戈市参加国际研究协会（ISA）年会期间，笔者乘轻轨从市中心经过一小时左右的时间到达南部终点站——美墨边境处。我顺着

注

① 亨廷顿：《我们是谁？》，第115页。

人流方向，跟着跨过一座高架桥，再沿着高速公路走一段，来到了一扇单向旋转的铁闸门旁。由于正值下班时间，人流不断由美国方向进入墨西哥，我也随大流溜进了墨西哥境内。经历20分钟提心吊胆的兜圈子，从高速公路对面再次申请入美国国境，就繁琐多了：待验明身份、接受盘问、行李检查三道手续，才放行。与机场入境不同的是，工作人员腰里都别了把枪，对面边界警察牵着猎犬虎视眈眈地观察动静。可就是如此，就在我排队入境的那会儿，一名手续不全的墨西哥人还飞速跃过栏杆，跑到美国境内，边警和警犬随即追赶。是否抓到或者他是否为引开他们的注意力以便同伴浑水摸鱼，就不得而知了。我心想，一天该有多少非法越境者啊；在墨西哥，尤其是墨美边界，要进行爱国主义教育恐怕就难啦。

从洛杉矶转机时，人虽在机场，但从媒体已经能嗅到非法移民游行的海啸气息。4月10日恰逢美国“移民权利行动日”，全美90个城市爆发新的示威浪潮，有200万包括华人在内的各族裔移民参与。众人矛头一齐指向——要求美国政府停止驱逐非法移民并给非法移民以大赦。

数年前，我在纽约新唐人街——法拉盛留宿，和非法移民睡上下铺，我知道他们都怕惹是生非，哪敢抛头露面？否则有被遣送回国之虞。生活在阳光美国的阴影中的非法移民，如今怎敢大胆走出来，表达自己沉寂的愤懑？

的确，需求决定供给。没有市场，在美国找不到活儿，就不会有那么多墨西哥人设法闯过边界，来到美国。美国需要移民，这是不争的事实。没有新移民，美国最大的零售商沃尔玛如何经营？没有新移民，美国企业及一般消费者，都将付出更高昂的经济成本。而新移民能享受的政府服务，实在是十分有限，远

比他们的经济贡献为低。今天的美国社会已不存在移民抢走原居民饭碗的问题，移民大多是做本地人不愿做的工作。相反，在美国制造业不断流向海外之时，如美国能扩大移民吸纳量，将有助提供具有竞争力的制造业劳工队伍。

然而，经过广大有色人种的长期斗争，尤其是“肯定性运动”对非歧视性的倡导，如今美国种族歧视已经上升为政治正确性高度，黑人地位得到很大提高，已经被美国化了。但是全球化的发展，使美国处于全球分工的顶端，其传统制造业、服务业“外包”给印度、中国等国家，导致黑人占多数的蓝领阶层失业问题严重。但由于黑人已美国化，享受最低工资待遇、失业救济金和广泛的社会福利，因此他们宁可游手好闲也不愿意干脏活、累活。尚不能享受到美国阳光的非法移民，成为苦力活和低贱工的主体。在美国宾馆，打扫卫生的多是拉丁裔移民，就是这个道理。因此，政治、经济的发展导致了美国蓝领失业和劳动力短缺同时存在的奇怪局面。“老墨”填补卫生员和建筑工等低贱、劳累活的空档，却被阻止分享美国梦，故而大胆地走向街头，为自己洗名正身。

4月10日的大游行与早前发生的几次游行的最大区别就是，示威者收起了各自国家的国旗，为了避免遭到抨击所以改成“高举美国国旗”。在华盛顿纪念碑前，示威者希望向国会和全国传递一个信息，那就是他们想成为这个国家的一个组成部分。

非法移民们急于认同美国，却不为美国所认同。移民为美国繁荣之母，美国长期享受吸纳世界精英、消耗世界资源的好处，如今1200万非法移民打破了这种节奏和偏于一隅的孤芳自赏。果真是福兮祸所伏？如今母亲却嫌弃自己的孩子，视非法移民为私生子，真乃此一时，彼一时也。

如果说华盛顿使美国从欧洲列强的殖民中独立出来，为第一次立国；林肯经过内战从体制和市场上实现了南北一体化，避免了分裂；那么，移民问题对美国的考验将是美国的第三次立国。第三次立国，是美国面临全球化与地区体化的冲击下发生的。

多数美国人认为应该向那些居住在美国多年的非法移民，提供一条合法成为美国公民的途径。但是，美国同化移民的效率跟不上以人员自由移动为重要标志的地区一体化发展趋势。换言之，有序吸纳合法移民的速度跟不上由于全球化分工、“外包”导致的劳动力短缺速度。走出那扇铁门的时候，我意识到正如“真理距离谬误仅仅一步之隔”，从第一世界到第三世界也是一门之隔呀。美国化跟不上地区化，这是美国建国以来从来没有遇到的挑战。

2006年10月，美国人口超过3亿，但人口增长主要不是出生率的提高，而是移民的增加。美国人口结构变动中，新移民人数占人口成长数逾三分之一。1910年，90%的美国移民来自欧洲，今天却有80%以上的移民来自拉丁美洲和亚洲，少数族裔渐成多数，这股趋势将永远改变美国的风貌。传统以白人为主导的美国政治，正逐渐向少数族裔倾斜，保守倾向的白人面对这股风潮不是躲避就是排斥。国家安全和反恐只是托词，全美反移民风潮就这样酝酿而成。

美国的民主的前提——白人为主体和西方文明的发扬光大，如

今受到第三世界的挑战。美国要从第一世界变成第三世界？美国民主的白色基调可能被冲淡、杂化，失去其纯正性。失去西方文明的身份，美国何以成为美国？果真要国将不国？这才是美国保守派学者亨廷顿在《我们是谁？》中所真正担心的。

王沪宁先生在《美国反对美国》一书中曾指出，美国社会，“有它的肯定性力量，也有它的否定性力量，凡是能发现肯定性力量的地方，都能发现否定性的力量”。[①]但移民制度所昭示的已经不是这种情形——不再是美国反对美国，而是世界反对美国，美国在抗拒世界。其结果是，美国与世界的关系不和谐。美国开放了世界，世界也在开放美国。过去，美国要求世界门户开放，如今，世界要求美国门户开放；过去，美国走向世界，如今，世界走向美国；过去，是大海纳细流，现在，是海水倒灌。美国容器之小，难以容纳全球化之水。这难道是美国干涉世界的回流和报应？

移民法改革的波折，反映的是在全球化、地区化浪潮下，在白人渐失人口主体性的挑战下，如何强化传统美国认同或塑造新的美国认同。美国政治精英的犹豫不决，集中体现在美国政治的非歧视性原则与差异性原则的冲突上，美国越来越难以自圆其说。需要劳动力而非政治人，这是美国面对移民的困境。

除了白人主体性外，反对非法移民合法化的美国人担心生活方式和生活质量遭受冲击。自1986年移民大赦以来，20年来已累积了不少移民问题，侵蚀福利系统和消耗公共资源，非法移民打破纪录的人数，再不设法解决，问题会更棘手。

美国尽管是移民国家，但之前仍然是继续美国立国的移民流动方向：从欧

注

① 王沪宁：《美国反对美国》序，上海文艺出版社1991年版。

洲到美国，即便西部运动，也是从东到西的人口迁移过程。如今，人流从南到北，从西到东。冲击白人为主体的人口结构，更不用说盎格鲁－撒克逊的主体性了。西欧国家也面临着由于人口老龄化而吸纳大量外来移民的问题，只不过移民的来源除了东欧外，主要是地中海沿岸的穆斯林国家。有人由此担心欧洲阿拉伯化，这与美国拉美化形成鲜明对照，而且美欧接纳移民的方式不同，美国试图同化移民，欧洲宽容移民。由此导致美欧长远的矛盾与分歧。

美国新的人口增长趋势，使得美国的脐带从欧洲转向拉美，美国日益成为地区性国家，难以代表西方。从过去的西方国家变成真正的美洲国家。从美利坚合众国（United States of America）到美洲人合众国（ United States of Americans）？这是习惯于领导世界、以西方代言人自居的美国人难以容忍的。非法移民的“转正”难，难就难在这儿。

反美主义尤其是针对美国的恐怖袭击和非法移民，成为美国霸权的两大挑战，其本质是关系到美国自身的融合和美国与世界关系能否和谐两大根本问题。

“9・11”事件后美国的报复行动尚未结束，恰如狮子被虱子叮咬后的发作，如今，更大的移民海啸冲击考验着美国的国家性，揭示了美国化与全球

化、地区化的冲突。恐怕这就是美国的世界赤字吧：拖欠世界的人情和孽债，将长远考验美国的霸权。

全球化和地区化对美国化的冲击与回流，这便是美国要第三次立国的原因。华盛顿第一次立国到林肯第二次立国，间隔近一个世纪，林肯解放了黑奴，只是政治上的成功，社会层面的黑白一体直到20世纪60年代马丁·路德·金的民权运动才基本完成；如今，黑白外的杂色运动昭示的美国自身的“颜色革命”一定不是一朝一夕完成的，移民问题对美国政治和社会的冲击与挑战将是长远的、深刻的；预示着美国和外部世界的关系要达到和谐，可谓“路漫漫其修远兮”。

美国的情形让我想起了以色列的隔离墙。如果让阿拉伯人随意定居以色列，那么犹太人就会成为少数民族，选举出来的就不是犹太人领导了。以色列可以有隔离墙，因为它被敌对邻居包围，但美国是移民国家，而且是高度讲政治的——政治正确是首要的，本身就是以人员自由流动为主要标志的全球化时代创造出的神话，因此不能拒绝全球化的潮流。目前的情形是，美国在隐忍——尽管内心存在抹不去的种族歧视阴影，但是一定要捂住嘴。其情形正如前面讲过的“宽容”，其实是对不可容忍之容忍。但是宽容终究不是大度，难以持久。最终的结局有二，要么为确保盎格鲁－撒克逊的主体性，限制移民数量，约束开放的社会特性；要么顺其自然，不在乎美国不再是以前的美国，任凭美国淹没在移民的人流中，完全融入世界。

可惜美国展示出前者的冲动。2005年12月15日晚，美国众议院表决通过了在美墨边境建设700英里长围墙的决议，并将此作为近年来加强移民管控的重要举措。看来，美国在以色列化？

威尔逊的故事其实质是过去的美国反对未来的美国；移民的例子，是未来的美国反对过去的美国；还有其他方面的例子，比如现在的美国反对过去的美国，包括现在的美国人背离了过去美国的理想、合众为一的国家理念等。在“9·11”事件发生之前，在 2000年布什第一次竞选活动中，他的得力助手佐利克就认真地告诫大家："美国的敌人正是美国自己"——提醒美国人不要忘记美国的理想。布热津斯基在《大失控与大混乱》一书中则告诫将来打败美国的是美国社会的种族、宗教矛盾。2004年的总统选举，更是制造了红（代表支持共和党的州）蓝（代表支持民主党的州）美国的对峙局面，美国分裂为一个东西两岸的"国际化的美国"与另一个南方和内陆地区的"本土化的美国"。

射线三 美国反对世界？

移民如水，人口构成挑战美国国家认同的例子证实了一句中国古话——水能载舟，亦能覆舟。美国源于世界，亦能回归世界？换句话说，美国能完全为世界所接纳吗？让我们从回顾美国被赶出联合国人权理事会的经历说起。

2001年5月3日，联合国经济及社会理事会举行了会议，对下属的人权委员会成员国进行改选。结果，以"人权卫士"自居的美国所得票数在其所在的小组中仅名列最后，头一次被该委员会扫地出门。可谓屋漏偏逢连阴雨，同一天，美国还失去了在联合国国际麻醉品管制署的席位。

美国国会民主党议员对美国自1947年以来首次被赶出联

合国人权委员会感到沮丧和愤怒， 他们指责布什政府“自由散漫”的外交政策和外交手段导致了事情的发生。来自纽约的民主党议员鲁威称美国被赶出联合国人权组织是“整个美国的耻辱”，他指出布什政府的自由散漫和裹足不前是导致美国没能重新入选联合国人权委员会的主要原因。 分析家们乘机着实奚落了美国一把——美国落选表明国际社会对美国在人权问题上指手画脚，实行双重标准的不满，也同美国近来一系列外交政策有关。美国拒不签署限制发达国家二氧化碳排放量的《京都议定书》、退出《反弹道导弹条约》、拒绝参与国际刑事法庭，以及执意发展导弹防御系统的立场都使它大失人心。

美国反对世界的又一典型恶例是美军虐俘事件。这一事件在全世界掀起轩然大波，先由阿布格莱布监狱事件引发，而后扩展到虐待阿富汗战俘事件，使得施虐的美国大兵及五角大楼主人成为过街老鼠，人人喊打。美国国内外不断有人呼吁美国政府关闭给美国国际形象抹黑的关塔那摩监狱和在欧洲许多地方设立的黑狱。

一份来自美国的军方调查报告罗列了美军的21宗罪。该调查报告由联军支援部队副司令、陆军少将塔格巴在2004年3月撰写。塔格巴少将在报告中说，2003年10月到12月，在巴格达阿布格莱布监狱发生了大量针对伊拉克战俘的无耻的、虐待狂成性的、淫乱的虐待行为，美国宪兵队一些人有意识地实施了上述虐待行为。根据战俘的口述及相关物证，我发现了下述确信的虐待行为：

——战俘口述以及物证支持的虐待行为

* 放狗咬战俘

* 用荧光棒或扫帚把儿“鸡奸”男战俘
* 针扎战俘伤口
* 向战俘身上泼化学液体
* 用手枪威胁战俘
* 向裸体战俘身上倒冷水
* 用扫帚把儿和椅子打战俘
* 威胁强奸男战俘

——美宪兵看守有意实施的虐待行为

* 强迫男战俘穿女性内衣
* 强迫男战俘一起手淫并拍照、录像
* 让一战俘在腿上写“强奸犯”，然后强迫他强奸一15岁狱友
* 美国一男宪兵与一女战俘发生性关系（注：报告在此未用强奸一词）
* 让战俘脱掉鞋子，然后踩踩战俘的光脚，对战俘拳打脚踢
* 让男女战俘脱光衣服，然后给他（她）们拍照、录像

* 迫使战俘模拟性交并拍照
* 强迫战俘脱光衣服，数天内让他们保持裸体状态
* 强迫男战俘“叠罗汉”，然后在他们身上“跳舞”
* 让战俘站在箱子上，模拟电击
* 拍死去战俘的照片
* 不止一名战俘被美军放出的狗咬伤
* 为拍照让一裸体男战俘戴上狗链，旁边一美国女兵搔首弄姿（模拟SM）

随着虐俘照片的不断曝光，震惊和愤怒已不仅仅让伊拉克人的瞳孔放大，也让我们越来越疑惑——美国军队为什么在伊拉克以如此残暴、荒谬的手段来虐待伊拉克人、伊拉克的战俘？这和我们长期以来形成的对美国人、美国兵的印象相去甚远，和《拯救大兵瑞恩》、《兄弟连》中正直，充满人性关怀的美国大兵更是大相径庭。 虐囚事件使整个美国，美国人民都付出了巨大的代

价。正如三次荣获普利策奖的作家托马斯–弗莱德曼所说："几幅照片就颠覆了我们非常珍惜的美国在世界上的形象。"它不仅加深了整个伊斯兰世界对美国的仇恨，在全体穆斯林心灵上埋下对美国怀疑甚至是仇恨的种子，更使全世界对美国人引以为豪的自由、民主的价值观形成深远的负面影响。被美军释放的一名受辱伊拉克人在接受采访时就活生生地揭示了美国人权卫士的尴尬。在接受记者采访时，他说自己已无脸在家乡生活，正考虑移民外国。令人啼笑皆非的是，他说特别想去美国定居，体会一下美式的人权与自由。

美国大兵的行为，突然让人们意识到美国人的本质面目。就像小孩知道了庙里的菩萨原来是泥塑的一样，一旦人们注意到"神"居然还有另一面，神话也就开始动摇了。与此同时，作为世界上所谓先进价值观的代表，近百年来树立起来的伟大美国神话，就像冰山一样一块一块地从巨人身上剥落下来。

虐俘事件也成为美国公共外交的"滑铁卢"。美国中央情报局国家情报委员会前副主席兼中东问题分析家格雷厄姆·富勒（Graham Fuller）在一次就公关外交问题会见美国两党顾问委员会时说，"如果我们的基本政策被人看出了破绽，那么再好的包装和宣传，其效果也会大打折扣"。这就是世人普遍看到的美国人权卫士的虚伪。布什竞选班子"大内总管"卡尔·罗夫说，虐俘事件后，"重塑美国形象至少需要50年！"

其实，并非世界一直在抛弃美国，美国曾经长期抛弃世界，生活在孤立主义的摇篮之中。这种孤立主义外交摇篮是美国国父华盛顿打造的。美国第一任总统乔治·华盛顿针对欧洲的战乱，确立了美国的外交中立立场。不干预主义是美国最早的外交政策。1796年，他坚辞竞选连任总统。他在著名的告别演说中说：欧洲的利益冲突和美国没有关系，欧洲频繁的争议和冲突的原因和我们关心的理念很不相同。所以，美国应该保持对所有国家的善意和正义，和所有国家和睦相处。在这样做的时候，最忌讳的是一面反对某个国家，一面又和另外一些国家过于亲近。应该对所有国家都一视同仁，最重要的规则是，尽可能扩大贸易关系，尽可能避免政治结盟。

这样一种“好自为之”的对外政策，在美国羽翼未丰时，长期以来被美国的政治精英们奉为圭臬。可惜时过境迁，以门罗主义为跳板，经历两次世界大战的洗礼，伴随美国综合国力雄踞全球，美国外交政策进入了所谓的好好为之的阶段，美国开始全面干涉世界，乃至规划、改造世界。有过辉煌，也曾得意——尤其是埋葬苏联时，也伴随着越战的忧郁，但谁也没有想到，却孕育出悲剧。

美国的悲剧在于时间和空间的二维矛盾。一个守时的人，往往空间自由度是有限的；只有忘却时间、无后顾之忧者，才能进入忘我境界，获得广泛的发展空间。人如此，国亦然。美国的自由是空间的拓展——它的力量遍布全球，

肆意至太空，但这是以时间纬度的错乱为代价的：美国的历史源于西方，因为其反对西方，而背离历史；美国的现在在美国，因为其反对美国，而扭曲现在；美国的未来在世界，因为其割裂的世界观和退出全球化，而葬送未来。因此，终结美国神话的，除了美国反对西方、美国反对美国等内因外，从外因看

是美国反对世界。

进一步讲，美国反对西方，折射的是现代化－本土化的悖论；美国反对美国，折射的是美国例外论与天定命运观的悖论；美国反对世界，折射的是全球化－区域化的悖论。

总结起来，美国神话终结于三大悖论：

现代化－本土化的悖论

殖民时期以来，人们一再目睹“西方价值的悖论”：正是全球化带来了民族主义，也正是现代化带来了各种宗教(或者更笼统地说各种本土文化)的“原教旨主义”的复兴。现代化就是西化，就是美国化，如此欢呼曾此起彼伏，弥漫于地球的各个角落。然而，这只是片面之词，彩虹逝去，人们发现，英语表面上似乎越来越国际化，但是英语的实际势力正在减弱。民主政治往往趋于使政府乡土化而不是世界化。还有，在西方认为有普遍价值的东西，如果推广到非西方就是帝国主义。

亨廷顿于是说，“西方价值之所以可贵正在于它的独特性，而不在于它的普遍性”。他进而认为现代化与经济发展既无必要也不可能造成文化的西化，而只会导致本土文化的复兴。

对于近年蔓延在世界各地的反西方、反美情结，人们常常只注意到全球化受挫的事实，其实，反殖民运动以来，现代化－本土化的矛盾已经埋下了打破西方（美国）神话的种子。

美国例外论与天定命运观的悖论

在美国的立国理念中，有两条存在根本的矛盾，只不过由于美国与世界的关系尚未上升到今日之高度而无大碍。但在全球化时代矛盾就出现了，这就是，现在的美国反对过去的美国。

“美国是世界上独一无二的国家，世界就在美国”——这一信条多少年来涤荡着美国人自豪而勇敢的心。在美国弱小时，这种孤芳自赏和纯情自强是靠其两面靠洋的优越环境和华盛顿告别演说的明智所保障的。但是随着美国不断走向世界，美国问题成为世界问题，世界问题美国国内化，美国例外论就遭到天定命运观的挑战——如此美国例外的逻辑，如何普世化获得天定命运的畅想呢？也就是说，美国以例外论塑造自己的原初身份，又如何去为世界立法，塑造他国的身份呢？赵汀阳先生对美国例外论的解释和例外论与天定命运观的矛盾颇令人回味：“美国成功地成为世界游戏中唯一的法外国家。很显然，当集参赛选手、游戏规则制定者和游戏类型指定者这三个身份于一身，就必定是个法外选手。”①

过去的美国，对源于欧洲的民主自由珍惜有嘉，乐于生活在美国例外的梦境中；现在的美国，动辄要在世界上推广民主自由人权，乃至沉醉于按美国的理想塑造世界的快感，最终挖掘了自己的坟墓。

注

① 赵汀阳：《天下体系：世界制度哲学导论》，江苏高等教育出版社2005年版，第105页。

全球化－区域化的悖论

美国神话终结于美国信念，这是最致命的。移民问题只是一个载体。亨廷顿观察到的只是国内问题，反映了现代化（西方）－本土化的矛盾，而其杜撰的文明冲突论，折射的其实是全球化与地区一体化的矛盾。

与历史终结的盲目乐观结果不同，近年来，全球化日益受挫，以至于不得不靠地区化来推动；各地区国家依靠地缘经济优势展开区域内的更紧密合作，成为包括美国在内的各国共同选择。在全球化的底子下，世界也逐渐形成以欧盟为代表的欧洲板块、以形成中的亚洲共同体为代表的亚洲板块、以美洲自由贸易区为代表的美洲板块三足鼎立的多极化局面，美国渐退居美洲，借助地区一体化和双边联盟发挥影响力。

美国是全球化的始作俑者，也是主要受益者，但时过境迁，维持全球化的代价日益超过美国的获益，尤其是多边主义的低效率难以应对美国面临的自“9·11”事件以来的非对称性冲突，使得美国政府转而与全球化保持若即若离的关系，乃至不时产生弃全球化而去的冲动——国会议员中不时有人提案美国应退出全球化，将关注点转向地区化和双边自由贸易。如此这般，美国将日益回归普通国家，美国将最终放弃美国例外论和天定命运观，日益非美国化。

这不，美国政府最近将中国定位为国际体系的“利益攸关方”（stakeholder），呼吁中国扮演起更重要角色，已经从全球化即美国化，退而求其次——与中国分享全球化商标。接下来是否退居二线，将全球化包袱转嫁给中国等发展中国家，尚未可知。这样，问题出现了——是美国终结全球化，还是全球化终结美国？

在亨廷顿的脑子里，文明—宗教—种族是三位一体的，全球化—地区化—美国化如何实现三位一体，看来已成为美国神话的难解之结。

美国反对西方，背离了西方传统；以美国改造西方，或假借西方改造世界，却不幸为世界所改造，这就是美国神话的终结。

这再次证实了一个简单而永恒的真理——终结历史的东西，往往被历史所终结。马克思说："一个成人不能再变成儿童，否则就变得稚气了。但是儿童的天真不使他感到愉快吗？他自己不该努力在一个更高的阶梯上把自己的真实再现出来吗？在每一个时代，它的固有的性格不是在儿童的天性中纯真地复活着吗？为什么历史上的人类童年时代，在它发育得最完美的地方，不该作为永不复返的阶段而显出永久的魅力呢？"[①]美国是全球化的童年时代，其神话的终结，不也是人类的一种宽慰吗？

注

① 《马克思恩格斯选集》第2卷，人民出版社1972年版，第114页。

第七篇

折射美国：美国神话终结为何物？

恺撒的归恺撒，上帝的归上帝；把美国归为美国。

——作者

The Mythed America 7

去过和没有去过美国的中国人其实都有本美国经，有种说不出的美国意识，因为美国是当今世界对中国影响最大的国家，近代以来也是影响中国革命和现代化进程最大的国家之一。真是——美国，难以抗拒你容颜。不断走向世界的中国，处处碰到美国的影子。于是在我们遭遇美国前，身影其实早就碰撞过美国影子了，在虚拟的信息空间、想象的意识流中，这样我们养成了以己度人的美国观。

无奈，人们总是习惯于从自己的经历和熟悉的背景来看对方。西方所谓中国的民族主义就是典型例子，殊不知，中国传统上根本没有民族观，勿论民族主义了，因为中国人习惯于从天下看待世界。中国人看美国，也往往不知不觉误入以己度人的认知困境。一个典型的例子就是美国的对台政策。

美国对台政策，首先存在言辞上私下—公开、一边一词的现象：在与中国领导人私下会晤时，布什表示“反对台独”；但公开场合却难以启齿，变成强调说“不支持‘台独’”，无形中给陈水扁的莽撞留下弹性空间，这既是其国内势力和“台独”势力掣肘的结果，也为美国今后政策调整留有回旋余地。美国的言辞，除了有“私下—公开”的分野外，还有所谓“一边一词”的奥妙。布什的表态也是“两个反对”并举，对大陆、台湾各打五十大板，公开声明“我们反对中国大陆或台湾单方面做出任何改变现状的决定，也反对台湾领导人准备做出单方面决定以改变现状的讲话和行动”。

其次，美国的“一个中国”政策与我们的不同，奠定中美关系基础的中美《上海联合公报》所呈现的“各唱各的调”风格就是这种分歧的原初体现。在“公报”中，美国方面声明：美国认识到，在台湾海峡两边的所有中国人都认为只有一个中国，台湾是中国的一部分。美国政府对这一立场不提出异议。它重申它对由中国人自己和平解决台湾问题的关心。但是，对谁代表中国，如何界定和平解决，美国埋下了伏笔。美国至今仍继承着基辛格的政治策略，在台湾问题上采取战略模糊、战术清晰的思路，以达到“模糊中的清晰、清晰中的模糊”效果，渔翁得利。“三个公报”、《台湾关系法》、“一个中国”，以及“和平解决”甚至包括对台湾当局的“六项承诺”，这是美国在两岸关系中所持的完整政策。何时和以何种方式强调某一方面，完全就中美力量对比与需求变化，以及台海局势的演绎情形调整，这就是所谓的“清晰中的模糊”与“模糊中的清晰”。

再次，从理念上讲，美国对台湾既放心，又不放心：放心的是美国式的全球化—本土化理念已经渐入部分台湾百姓的心里，这是台湾当局“拒统”、“台独”的合法性来源；不放心的是台湾的选举游戏有玩过火、失控的危险。从政治理念上说，美国式的民主理念更强调保护弱者、尊重少数人意志。台湾的民主自由就是美国要极力捍卫的，公投、独立是美国人的理念，美国不可能按照我们的说法反对台湾追求之。台湾是美国的学生，这话一点不假；而且还得补充一句，是永远毕不了业的学生。美国前任外交官李洁明[①]说：“台湾让（两岸）局势失控，（以致）需要一些大人的管教。”不仅如此，美国还试图扮演台湾和大陆的共同老师角色，经常在台湾和大陆关系上实行“各打五十大板”的做法，并且把台湾的“民主实践”作为投射大陆、促变大陆的模板。

明白美对台政策的三重含义，对“以美制台”，增进与美国在反对“台

注

① 李洁明：美国“驻台代表”，是“亲台派”。

独”问题上的共同利益要有清醒的认识，对美国不要抱过分期望，以免存在不切实际的想法。反之，不明白美国对台政策的分歧，就容易抱怨和纳闷——美国到底谁说了算？美国白宫唱红脸、国会唱白脸，老唱双簧玩弄中国人。

再比如，二战结束时，杜鲁门政府如何决策向日本扔原子弹？人们从结果揣测原因，给出许多战略思考的解释，譬如威慑苏联、确立东亚霸权等等，其实是美国固有决策机制使然，是减少美国士兵伤亡的国内考量导致的国际事件。

以己度人的结果就是，中国人在神话美国。

更一般的神话美国的表现有三：其一，按照自己的文化心理理解美国，并于其中求得自身的身份和认同。中国还特别受历史情结与受害者心态影响，致使国人常常按照自身偏好和舆论需要阐释美国的外交行为。例如，许多人常常将美国总统与国会的不一致行为视为“唱双簧”——似乎美国被超级力量所控制，在导演一幕幕话剧。致使美国的所作所为，人人都可以说三道四。

2002年底我读到一篇文章《布什外交的纵横术》至今仍记忆犹新，文中说“通过鹰派对国际社会施压，制造危机感，再通过鸽派达成交易。外交班子的分歧不仅没有掣肘美国意志的伸张，反而成为布什操纵外交事务的一张好牌”。这与当初对布什不懂外交的讥讽大相径庭，也与布什本人作为虔诚基督徒的性格相去甚远，违背了美国外交是官僚政治、利益集团间相互妥协的基本常识，把美国视为超人，在玩弄阴谋，操纵政治。

其二，概念化、标识化理解美国。比如将美国与霸权主义和强权政治天然联系在一起，将《美国力量的悖论》（*The Paradox of American Power*）

翻译成《美国霸权的困惑》、《大国政治的悲剧》(*The Tragedy of Great Power Politics*)翻译成《强权政治的悲剧》、《国家间政治》(*Politics among Nations: The Struggle for Power and Peace*)翻译为《国际纵横策论：争强权、求和平》等等。折射的是莫名其妙地把美国视为敌人的潜意识。

“9·11”事件后不久我接待美国大使代表团时，提醒他们“美国太霸道，搞霸权主义”。他们则问我“霸权主义（Hegemony）是什么意思呀？霸权主义不是蛮好的吗？”——因为在英语里，“Hegemony”并非贬义，带有“领导”（Leadership）的意思。实际上，从辞源上看，西方“霸权”的概念较类似于我们的“王道”说法而“帝国”类似于“霸道”。

其三，对美国既爱又恨。国人反美并不掩饰其对美国的好感和向往之情，年轻人尤为如此。于是常常出现这种情形：反美游行队伍中的中国年轻学生穿的是牛仔和NIKE鞋，第二天又在美国使馆前申请签证……一边崇尚美国文化，一边反对美国霸权。

总之，不是一般意义的误解美国，而是有意塑造美国某种形象，致使美国为某种观念而存在，这就是神话美国的悲剧。

神话美国的另一后果是，国人内心存在莫名其妙的反美心态。换言之，把美国神话了再去反对被神话的美国，反对的其实是自己。因而国人反美具有唐·吉诃德式的悲壮。

神话美国的危害，一是使美国脱离世界，二是使世界脱离美国，导致世人与美国人对美国行为评价大相径庭。对世人来说，国际局势恰如好莱坞电影，美国被无形中赋予了主角的含义，无所不能，具有庞大的野心，世界上的坏事一定不会忘了记上美国一笔，因为它总是在世界上张牙舞爪；而对美国来说，世界局势犹如一场球赛，美国勇往直前，中了头彩，为世界立下汗马功劳，应该享受领导者的荣耀。

揭开美国神话的必要前提是正视中国人的反美心态。

射线一　正视中国人的反美心态

2003年间，有一种说法即便在信息闭塞的农村也颇为流行，即“非典”是美国人针对中国的病毒攻击，年纪大的人还想起了朝鲜战争期间美军对中朝实施的细菌战。《纽约时报》对此嘲笑说，艾滋病在非洲刚被发现时，也曾被认为是美国的生化攻击。这一现象昭示了中国人内心隐藏的反美心态。

中国人为什么反美？

中国人并非历来就有反美传统，但新中国成立以来，中国人的心态和中国外交中的确存在难解的反美情结。在中美相互敌对的年代里，中国奉行的哲学是“凡是敌人赞成的我们就反对，凡是敌人反对的我们就赞成”，无条件支持世界上的反美英雄，而且反美与反帝、反霸天然联系在一起；换言之，美国就是当时帝国主义、霸权主义的代名词。某种程度上，反美成为我们当时外交号召力的重要来源。当时，美国成为中国国家安全的主要威胁之一，持有这种“唯美是反”的弱者心态是可以理解的。今天，作为政策层面，这种现象早就没有了，但反美心态却仍残留在不少中国人的心中，以确保“政治的正确性”——中美两国都存在这种“宁左勿右”的奇怪现象：在中国，反美过头不会犯政治错误，但亲美苗头常常授人以政治上攻击的把柄；美国也一样，这就是美国国会不时有议员跳出来对中国说三道四、大放厥词而鲜敢赞誉中国的原因，因为后者是要付出政治代价的。

当今时代，美国作为世界上唯一的超级大国，动辄与罗马帝国相提并论，尚武精神日浓，在一百四十多个国家和地区驻军，许多地方美军还享有“治外法权”，的确容易成为众矢之的；兼之美国近年来忽略公共外交，其颐指气使行为，使反美成为全球普遍现象。更有甚者，不少人认为全球化就是美国化，因而反全球化运动矛头首指美国。“9·11”以后的美国其所作所为尤其是绕过联合国对伊动武，的确也导致世人对美国的同情心逐渐烟消云散。美国的霸权心态、帝国作风与单边主义政策，成为世人诟病的反美源泉。

积极入世的中国，其利益主张与国家意志不可避免地要遭遇到美国的世界霸权；美国是不合理、不公正国际旧秩序的主要矛盾所在。爱国心切的国人反美之心常有，而表达形式各异，不足为奇。但从国家层面讲——

美国軍队从台湾海峡地区滚出去！

中国外交：怎一个反美了得?

对中国人而言，反美原因林林总总，但从国家层面讲，许多中国人认为：1.美国是我国（主权）安全的潜在与现实威胁或其他威胁的始作俑者；2.美国是中国实现国家意志的主要障碍，尤其是台湾问题、南海问题等关乎国家统一与领土完整方面；3.美国不时伤害我民族情感，动辄以人权大棒敲打中国政府，支持反对中国政府的人物与势力；4.美国在世界上扮演

世界警察的角色，奉行强权政治，行为霸道；5.美国人自私、傲慢，不尊重他国，干涉他国内政，且常以其莫名其妙的使命感、优越感，盗用正义与自由口号。

因此，美国常常遭国人反感。但从更本质和更深层面讲，国人反美心态背后透视的是中华民族对独立、自主的渴望，对中华民族伟大复兴的孜孜以求，尤其是后者。今天，中国外交的使命在于正确处理中国与世界的关系，而首当其冲是正确处理中国与美国的关系。

有中国学者以静态、悲观的眼光得出了中美间存在结构性矛盾的结论，进而预言中美冲突具有不可避免性。在美国，米尔斯海默的进攻性现实主义代表作《大国政治的悲剧》对此分析更是入木三分。但是，结构并非一成不变，结构外因素作用重大；可怕的不是外在的结构，而是这些人具有的内在的静态、结构性思维。

中美在台湾、人权等问题及国际事务主张方面存在较大的分歧，但分歧并不构成反美理由；民众的反美心态并不必然上升到外交上的反美主张。更重要的是，反美不是仇美。《联合早报》2002年夏天围绕“中国人为何仇美？”的争论，往坏的方面讲，是长期生活在美国话语思维范式下别有用心的提法，往好的方面讲是“其实你不懂我的心”。

我们不应以反美来获得外交合法性了，中国积极主动的外交要摆脱反霸（美国）阴影。改革开放后，中国与美国的利益交织与日俱增。但作为外交的连续性需要，在必要场合，中国仍重申了反美主张，但更多的以不点名的形式表达。

美国内行想必对中国政治的连续性并不陌生。“反美”字样不大可能在中国的媒体和外交辞令中消失，只要没有反美口号，就应欣慰于中国人心态和中国外交的成熟了。

事实提醒我们——一分为二地看美国

美国首先是个多元社会，其次才是个移民国家。国人常常混淆美国社会、美国人和美国政府，混淆美国外交与内政。口头禅中动辄说的美国，其实是美国政府，尤其是美国行政当局，并非美国社会和美国国家，更不是美国人。而神话美国的一重要表现就是在研究美国时，把美国看成是“一个大脑、一种思维”或“铁板一块”（资中筠语），这种模式化美国、妖魔化美国的思维定式，甚至认为美国才是恐怖主义的根源。对过去基地组织曾受训于美国中央情报局等有关新闻报道与评论，津津乐道。我们过去一再声明中国对世界事务根据其是非曲直作判断，但对于美国有利于世界和平与稳定的行为和举措，我们赞美的少。相反，一有风吹草动，则群起而攻之。这种现象很不正常。

其实，美国并不等于霸权主义与强权政治。那么，所谓“反美”，反的应是美国的霸权行为、霸权政策、霸权作风，而且申明，反对各种形式的霸权主义与强权政治。美国之外的国家有这种苗头，我们也要反，包括中国自身也要申明“中国永远不称霸，永远不搞扩张”。

既然反美不是目的，那么——

与美国相处立足点何在？

与美相处的立足点何在？一是中国的国家利益，二是世界的前途命运。

首先，凡是赞美的就坚决赞美，凡是反美的就得反，但外交要讲究策略。厘清中国的国家利益层次。不涉及中国的国家利益，反美要适可而止，要慎重。要区分美国对中国国家利益的边缘、中观、到核心层面已经产生或可能产生的伤害程度与时效，决定反美力度、反美方式。反之，美国的外交行为与国内政治和舆论中，任何有利于增进中国国家安全、利益，改善两国关系气氛，改善中国国家形象的努力、举措、动向与国内社会变化，在外交和舆论上我们都应该给予及时的、到位的鼓励。

在中国积极入世，全面建设有中国特色社会主义事业的今天，中国在国际上与西方世界包括美国的利益汇合点越来越多，这就要求我们要从革命心态转到改良心态。1972年的中美《上海联合公报》中指出，“任何国家都不应自称一贯正确，各国都要准备为了共同利益重新检查自己的态度”。其后，中美合作就是不断发掘、发展两国间共同利益的过程。在当前，我们更应做好增进、把握中美共同利益这篇大文章。以此精神，我们要深刻挖掘、强调中美在维护台海局势稳定、反对“台独”、坚持一个中国政策上的共同点。有所作为的外交不能总是把美国视为消极力量。

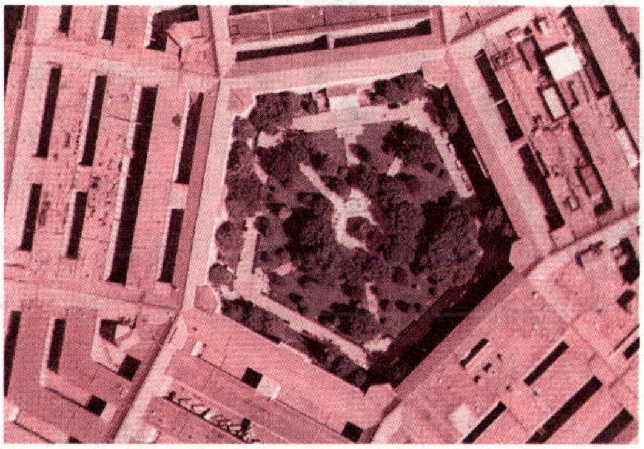

当然，这只是纸上谈兵。反美在中国更多是一个感性话题。理性化的对美态度，需要媒体、学者与大众的互动。

其次要抓住世界的主要矛盾。反恐时期，尤其要正确处理反美—反霸—反恐的关系。中国要在国际社会中树立起负责任的大国形象，而非意气用事。毕竟，反美，反不出一个战略机遇期。

注重实际效果而非感情宣泄

反霸、反美，一方面对第三世界是极大鼓舞，但给发达国家的印象往往是

中国试图成为挑战者，中国只懂现实主义，进而发展为“中国威胁论”。我们的许多反美行为，明明是爱国主义行为，却被美国人视为民族主义的反美宣泄。最近尤其体现在反日情绪上，许多人把矛头对准了日美同盟，这样就将美国牵扯进来。个中原因，有深层次的，也有浅层次的。但值得提醒的是我们的行为要注重实际效果而非感情宣泄。

美国的外交政策与外交行为本质上是其国内利益斗争和协调的产物。我们不要指望美国会由于中国的反对而轻易改变其行为，这就要求我们理性地正视中国的反美心态。如果不能达到以下三个效果之一，反美就是多余甚至是得不偿失的：

1．争取美国舆论，与美国国内反对声音相呼应，对美国百姓、利益团体、决策者晓以利害，进而形成对美国政府对华政策的压力，使之放弃和弱化对中国的损害。

2．争取外交资源，增加外交筹码。反美要有针对性，从这个意义讲，要以己利而反美。为中国采取进一步外交措施增加合法性。

3．争取世界舆论，提高中国的国际影响、国际地位，给世人形成中国是一个负责任大国的印象，从这个意义讲，不以己利而反美。

为此，中国应重视对美公共外交。总体上，我们的反美效果不尽理想。反美往往成为对内宣传的政治手段。我经常对美国人讲，不要太在乎中国媒体的反美宣传，那更多是给国人看的。

赞美与反美的辩证统一

国人反美并不掩盖其对美国的好感和向往之情，年轻人尤其是这样。许多人是赞美与反美并行不悖的。这看来奇怪的现象，实则是国人心态成熟的表现。

这就提醒我们，反美，要注意内容与形式的统一。反美不能是简单的情感宣泄，而是要讲究形式，讲究效果，讲究策略。争取用美国人听得懂的话，能够和容易接受的方式说给美国的老百姓和当权者听，晓之以理、动之以情。要有理、有利、有节，但关键是要有效。撞机事件期间，杨洁篪大使接受CNN采访，用美国日常生活的道理，通过比喻的方式，说明事件的是非曲直，产生了非常好的效果。我们要利用好外交部新闻发布会和答记者问的渠道，尽量用人性化、个性化的方式，生动活泼而不失严谨地向国际社会传达信息，形成互动。

反美更不是无条件的。为赢得今后20年的战略机遇期，恐怕更多的是思考如何增进中美间的共同利益，而非简单的反美。

既然反美与神话美国在中国并行不悖，那么说完为什么中国人反美，接下来就要探讨一下中国人为什么神话美国。

常常听在美国的中国人说，刚去美国，头几年兴奋；过几年失落；再过几年就被同化了。因此，神话美国的第一个缘由是你太入神了，以至于忘却了自己，这不是源于中国人爱恨交加的美国观，而是中国人难以解开的美国情结。

西方埋葬了天朝神话，而美国成为西方的代表。失去了传统身份的中国，对美国的确有着难解的情结。如果说中国人仍然在地球上憧憬星空，寻找自己在太空中的位置，那美国就是离自己最近的月球，不过往往被错当成太阳。从如今美国的霸权中仿佛看到昔日中央王朝的影子。如此说来，神话美国其实是神话自己。太阳是未来中华民族的伟大复兴，而它正要借助月亮反射自己的光荣与梦想。

因此，失去传统身份又在快速恢复往日感觉的中国人，往往对当今世界的唯一超级大国——美国抱有无限幻想。美国不幸成为中国期待与怨恨的对象，而被中国人所神话。

然而，这只是问题的一个方面。在这个地球上，美国似乎是与中国反差最大的国家：文化、民族和人种。美国成为中国的镜子，折射中国的现代身份。

暮色中的夏威夷海滩

在追求独立自主和现代化进程中，中国有意无意地靠美国来表达自己：朝鲜战争树立了新中国的大国形象；联美抗苏，塑造了中国的大国地位；改革开放，形成了中国的大国身份。而美国与中国的改革开放密切相连。邓小平同志讲过，改革开放，主要是对西方开放，首要的是对美国开放。如今，美国呼吁中国成为国际体系的利益相关者，共同经营世界事务。这又将塑造中国的新国际身份。

这样，中国人看待美国的复杂感情，源于自身经历，找回历史感觉——美国是那么强悍，那不是过去的中央王朝吗？它又是那么不讲理，如果我来调教一下就好了；它是那么讨厌，阻我统一、碍我发展；它又是那么可爱，要改变我，却成就了我——中国的现代化、全球化得益于美国的对华接触政策。事实上，不论是发轫于清末民初的“全盘西化”，还是“大跃进”时期的“超英赶美”，美国一直在直接或间接地影响中国的现代化进程。从梁启超《新大陆游记》感慨——“余游美，无一事为美人忧为美人恐者”，到如今国人“真替美国操心”，中国的美国观总是难以企及“无我的美国”境界，更不用说“无世界的美国”、“无美国的美国”了。联想—想象—夸大其词，常常导致“被神话的美国”假象。

中国人神话美国，其实是神话自己；去掉你内心的神话，才能还世界一个真实的美国。

美国是如此独特而复杂的国家，以至于任何国家的人以本民族文化为无形参照系观察美国，总是为其捏把汗，事实却为美国岿然不动的景象所嘲弄。梁启超先生在一个世纪前的《新大陆游记》（1904）中，已敏锐地观察到移民对美国的挑战：

以今日之势所趋，恐数十年以后，美国将不为条顿人之国土而变成拉丁人及他种人之国土，此其机不徒在移民之突进而已。其原住之国民，婚姻愈迟而产子愈少，其入籍之新民，婚姻愈早而产子愈多。苟率此不变，吾恐不及百年，而此前殖民时代独立时代高贵民族之苗裔将屏息于一隅矣。吾所以代表美国报杞忧者莫亟于是，而美之政论家若目间然不以为意焉，是则下走所不解也。……美国人以平等博爱之理想自夸耀者也。故其对于他民族，嫉妒之念颇淡（除中国民族不计），是其可敬佩者也。但以吾观之，美国立国之元气何在？亦曰条顿民族之特质而已。使政治上、社会上种种权利，全移于条顿族以外诸民族之手，则美国犹能为今日之美国乎，吾所不敢知也。昔北欧蛮族南下，而罗马之文物以亡。自今以往，美国若有淡虞，其必自此焉矣。……美国自恃其同化力之强，谓能吸集种种异族，使从同于美，故虽庞杂不为害，斯固然也。虽然，吾见其同化力之速率，不能与外加骤进之力相应也。……外来移民，其关系于美国前途者，辽乎远哉。[①]

没想到一个世纪前，中国人睁眼看世界不久，梁启超先生即担忧美国的认

注

① 梁启超：《新大陆游记》，社会科学文献出版社2007年版，第45页。

同危机——外来移民，知性、宗教、政治、经济、语言、教育不能同化于美国。只是，他所担心的百年之后美国丧失条顿族之高贵，似乎没有这么快发生。难道——美国将来要“凤凰涅槃”，获得再生？还是今日之美国，已经为梁启超先生所不一般之“新美国”？换言之，破灭的是美国的神话还是神话美国的说法？但愿是后者，因为世界还没有做好美国神话破灭的准备。

中国人的美国情结如此，其他国家人呢？中国人内心的美国神话尚未破灭，世界的呢？接下来，还得正视世人的反美心态。

射线二 21世纪是“软”反美世纪？

当前，反美已成为一种全球现象。中东在反美；拉美的“反美轴心”在壮大；即使美国的铁杆盟友欧洲，反美呼声也在高涨。现在人们在评论国际事务中常常会说，某某反美，某某亲美。对待美国的态度，似乎成为一个人、一个国家的性格特征。这种说法的潜在逻辑是，美国成为国际事务的标尺。其突出标志就是所谓“美国世纪”或“反美世纪”的提法。

从“美国世纪”到“反美世纪”

传媒巨头亨利·卢斯1941年2月在《美国世纪》一文中宣称“20世纪是美国世纪”。其实，这只是“二战”走向结束、世界进入更高阶段全球化的巧合。21世纪初，人类进入全球化与地区化交织的时代，美国世纪该如何收场？

“9·11”事件宣告了非对称性时代的来临，“反美主义”项目负责人伊凡·克拉斯蒂夫在2004年4月的《民主杂志》上刊文“反美世纪”提出，这也导致了“美国世纪”的突然终结，而“我们现在进入的时代很可能将被称为反美的世纪”。在他看来，反美主义已经进入了“世界政治的主流”，因为现在各种各样的不满与焦虑以及各种不同的政治主张都会以“反美主义”来表现。因此克氏认为，全球性的反美主义已经超越了传统政治的左—右之分，而且这种反美主义在世界各地的“焦虑的政府与愤怒的公众”中都同样引起强烈的共鸣。他不无嘲讽地挪用福山的“历史终结论”说，当我们达到了“历史的终结”时，却突然发现在“历史终结”的地方等待我们的是“反美主义”，而这种反美主义本身已经成为一种“无所不包的意识形态”。

反美主义的表现形式有所谓血腥反美和柔性反美之分，前者如“9·11”事件，后者就是所谓的“软抗衡”。非对称时代的最大挑战是美国的“一超独霸”。但是，全球化从根本上摈弃全球霸权。处于全球化的非对称性时代，“软抗衡”于是成为不少国家应对美国霸权的选择；而美国霸权本身也成为一种“跛脚霸权”，即软霸权不足，过分靠硬霸权维持，而这又伤害了其软霸权，造成恶性循环。

“软抗衡”理论的提出者是芝加哥大学国际关系教授罗伯特·佩普。笔者2003年在新加坡举办的一次国际会议上第一次听到他阐述“软抗衡”这一国际关系新思维，感觉有些新意。他发表在《国际安全》季刊2005年夏季号的文章《针对美国的软抗衡》，更令我感触良多。文章认为，美国推行的单边主义军事政策，促使世界其他主要国家对其进行软抗衡，即利用国际机构、经济策略和外交安排等非军事手段来对抗它。布什取消单边主义战略，软抗衡就会消失，否则软抗衡有可能会转变为硬抗衡，即军事对抗。

这样，“软抗衡”理论与约瑟夫·奈的“软权力”理论，着眼点从美国自身，移到美国之外，分别思考非对称时代和信息时代对美国霸权的挑战，目标倒是一致的，即试图恢复美国“宽厚仁慈”的霸权名声，寻找永葆美国霸权的药方。

三类软抗衡对美国霸权说“不”

其实，软抗衡既不同于硬对抗，也不同于恐怖主义等极端对抗形式，而是防御性的自保，是自然形成的，并非有意塑造，旨在与美国霸权划清界限，避免成为美国霸权的牺牲品，也避免成为美国霸权的作用对象。其表现形式大致有以下几类：

一是中国的和平崛起。作为当今世界美国最担心的头号竞争对手——中国，采取了不对抗美国霸权的和平崛起战略，通过国际关系民主化、和谐世界等理念展示与美国的“和而不同”。

二是法、德、俄等大国与美国的外交利益与理念冲突。与美国招致恐怖分子和反美势力嫉恨的军事霸权政策保持距离，从而避免引火烧身，是它们反对美国对伊拉克单方面动武的原因。正如佩普所言“各主要国家担心美国的意图而非能力”。

三是美国盟国的非暴力不合作现象。出于担心卷入大国纷争，反对将驻韩美军变成地区军队，为追求外交和防务的独立性，卢武铉政府提出韩国扮演地区“均衡

者”的战略，也是这种软抗衡的体现。这不是反对美国霸权，而是尽量不要和美国霸权绑在一起，减少美国霸权的伤害。再比如，伊拉克战争前夕，作为北约盟国的土耳其拒绝提供美国进攻伊拉克的通道，致使美军调整攻伊计划，增加战争成本，本是避免成为美国帮凶的自保举措，但在美国看来就是软抗衡行为。

这些软抗衡，也在不断唤醒并激发美国的内部制衡机制，纠正美国失范的局面。

软抗衡能否终结美国霸权?

佩普提出，软抗衡的原因是美国在军事上的超强优势使其他国家害怕它的力量，无法硬抗衡美国霸权才不得已采取软抗衡的手段。其实这是美国人的感觉。真正的原因是美国霸权合法性不足和美国软权力的衰落，这才是问题的关键。由于美国实现霸权的方式无法为其他国家所接受，而其他国家无需对抗美国霸权，只是引导美国霸权走向正路、恢复正常的国际秩序，反对的是美国帝国主义，而非美国霸权本身。当然，软抗衡也表明大国心不齐，无法形成合纵抗美的统一战线；同时，经济的相互依存客观上也造成了这一局面。

软抗衡能否终结美国霸权？佩普在文章中认为，虽然软抗衡在近期内也许不能阻止美国实现特定的军事目标，却能增加美国动武的代价、减少今后同美国进行军事合作的国家数目，并有可能改变与美国的经济力量对比。

如何化解软抗衡？佩普的结论是软抗衡并非定局；布什政府的单边主义国家安全战略是导致软抗衡的主要根源，废除这一战略是首要的解决办法：“事实上，这意味着明确摈弃这一战略中最极端的因素（例如单方面发动预防性战争），断绝人们对美国的动机抱有怀疑的最重要原因（例如单方控制伊拉克石油合同），以及重新表明美国致力于通过多边方式解决重大国际难题（例如重新开始拥护联合国）。假如布什政府放弃单边主义政策，美国的安全保障将大大增强。”

其实，软抗衡美国霸权，只是世界对美国的态度之一，它表明各国对日益不得人心的美国霸权行为的反感，其他的反美行为包括反对美国，如针对美国及其盟国的恐怖主义公开挑战美国价值理念而不仅是其国际行为，以及反制美国，约束美国的单边主义和军事民族主义，形成未来硬抗衡美国霸权的局面，这是佩普提出“软抗衡”所首要警惕的。

世界反对美国还是美国反对世界?

然而，佩普没有注意的是，真正对美国霸权的挑战，不是软抗衡的局面，而是地区一体化的飞速发展，终将形成以欧盟、亚洲区域一体化、美洲自由贸易区为洲际三极的局面。由于全球化和地区一体化并行不悖的发展，全球霸权将越来越不可能，美国将最终沦为地区霸权。软抗衡只是这一过程的产物，是揭示这一时代趋势的标志之一。可惜如今美国仍在全球霸权问题上兜圈子，不断背离美国的初衷，反对乃至退出全球化。美国对其被排斥在东亚峰会之外颇有微词这一点就足以表明，美国并没有真正认识到这一时代发展趋势，仍在向后看，担心软抗衡可能形成硬抗衡。更本质的，软抗衡仍然是以美国视角思考美国式问题。美国世纪或反美世纪，仍然围绕美国转，似乎世界离不开美国。所谓21世纪是“软”反美世纪，是在抬举美国。其实，并非世界反美，而是美国反对世界——世界反美不可一概论之。

尤其是，所谓“反美－亲美”的提法是简单化的、标识化的用语。细究起来，反美一词的英文“Anti–American”中的Anti–有反抗、非、对立、伪、防止、对、逆等意思；American也不止是指美国人，而是“与美国有关的”或“由美国引起的”等广泛的含义。因此，“Anti–American”不能简单地翻译为“反美”，或者“反美”不能简单地理解为反对美国。其一，“反”有反感、反对、反叛三层意思；其二，“美”有美国社会、美国政府、美国人之分和内政外交之别，政策与行为之异。总结起来有三类“反美”：

一是反对过去的美国，或者说源于美国（Of America），即将当前不满意的现状归咎于美国过去对其不公行为，将国际不平等的根源归于美国在第二次世界大战以后塑造的国际制度及其相关机制。换句话说，美国成为各国对悲惨历史怀恨在心而痛驳的靶子，比如拉美地区的反美情结。在这种意义上，亲美就是开脱美国的历史罪责，一味美化美国的过去。

二是反对现在的美国，或者说因为美国（By America），主要是反对当今美国的对外行为，将对社会诸多现实的不满与美国的外交联系起来。针对美国的极端恐怖袭击行动就是这种不幸逻辑的产物。换句话说，美国成为各国对不公现实忿忿不平而发泄的目标，比如中东地区的反美主义。与之相对的亲美，就是一味迎合美国、无条件支持美国。

三是反对将来的美国，或者说为了美国（For America），一般指反叛美国的内政外交理念及其发展前景，也是为了表明自己的存在，或提示、警醒美国改正错误。换句话说，美国成为各国对黯淡未来失望之极而申诉的对象，如“老欧洲”的反美情绪，流露的是难以认同美国的不满；法国人的反美，尤其是为了维护西方的正统性。相反，亲美就是认同美国，通过美国塑造自己的身份，比如日本。

所以说，反美不可一概而论。第一类属于反美情结，是出于弱者的无奈，对美国长期不满意的同时却往往认同甚至向往美国的价值观。因此，只要美国在国际制度上稍稍有所调整，进而产生某种有利于其利益的效应，这种反美现象即可消除不少。第二类可称反美主义，则可能带有原教旨倾向，即无条件反美，进而产生了一种“逢美必反”的原则甚至习惯。但是，如果美国调整、纠正其外交政策的偏颇，改变美国的霸权作风、霸道行为，一定程度上就能抵消此类反美势力的影响。第三类则是反美情绪，只是短时间内难以苟同美国的所作所为、所思所想，反美旨在与美国划清界限。如果美国采取反省态度，在国际政治现实表现出更成熟和稳健的状态，将有助于消除此类反美现象。

从这种分类看，许多反美人士对美国爱恨交加。美国是可以有的放矢、分门别类做工作，以控制反美现象、遏制反美势力影响的。所谓全世界都在反美，并不一定是美国正在众叛亲离之意。正因为此，在诸多“反美”声中，美国仍然屹立于唯一超级大国的位置。

“反美”掺杂“爱美”情结

反美情结、反美主义、反美情绪，构成了反美的三种状态。对于此，不少美国学者都已有所意识。但是，大多数人都没有分清其中的区别，只是把反美现象简化为，美国的对外政策损害了他国的民族自尊和国家利益，因此才引发了当前反美的冲突。

更有甚者，对于许多自信的美国学者来说，连最简化的反美原因都很难认识到。许多美国学者往往不是从自己的角度而是从对方的角度寻找反美原因，或者最多把自身角度错误地归结为美国的强大和繁荣。大体来看，美国学者对反美的认识分为两类：

其一是沉浸于美国例外论和优越感。美国作家埃里克·奥尔特曼在一篇关于《欧洲的反美主义》的文章中宣称：“欧洲反美主义主要表现为带着嫉妒的愤恨。”其实，老欧洲人不愿为自己贴上“反美主义”的标签，他们会说，我只是“反布什”而已。

其二是对外国政府的歧视。美国《外交》杂志2005年曾发表巴里·鲁宾的文章《阿拉伯“反美主义”的真正根源》，指出，“反美主义”盛行是中东各国操纵内外政策并转移公众视线的结果。他认为，阿拉伯国家总是“误解”美国在谋划铲除他们并控制波斯湾地区。大众传媒在新闻检查压力下也竞相对美国进行歪曲报道。

这也不奇怪，对于这些研究反美的美国学者来说，谈“反美”其实更掺杂“爱美”情结。“反美”学者们往往都是“先美国之忧而忧，后美国之乐而乐”。结果必然是爱屋及乌，反而很难看清全球反美现象的本质。

美国对付“反美”成效甚微

美国政府一直在反思反美现象，反制反美行为，但始终不得要领。最初，美国政府认为，消除反美现象的根本是将反美政府改造成为美国那样的民主政治。美国知识界掀起的“民主政治能否制止恐怖主义”大辩论便是这种尝试的集中反映，可惜结果不尽如人意。

现在，美国政府则从形象、政策、行为上三管齐下，着力修补国际形象，抵消反美势力影响，减少外交战略推行的阻力。

“9·11”事件后，美国政府错误地认为，反美和仇美是由于不了解美国的缘故，于是重拾旨在赢得国外人心的公共外交武器，主张“推销真相”来消除反美情绪、修补美国形象，其中一项重要举措是加强美国对中东等地区的宣传攻势，以对付像阿拉伯的半岛电视台那样的“可恶媒体”。

不过，布什的第一任期醉心于反恐战争，公共外交如同“戴在铁手套里的软拳头”，有劲使不出。于是，伊拉克战争后转而从政策上修正广受诟

病的单边主义、先发制人理念。布什连任后，美国政府更注意从对外行为上反制反美现象，如增加对外援助预算，以推进民主、自由、人权改造反美土壤，但依然收效甚微。

2005年以来，赖斯主政的国务院赢回了美国外交主导权。国务卿赖斯在2006年年初的一次重要讲话中倡导“变革外交”，即将外交的着力点从外国政府转为外国公民，从塑造国家间的良好关系转为改造各国公民对美的情感，将反制反美现象从防御转向进攻——舆论担心美国进一步走向对外干预的道路。

“变革外交”的确抓住了反美的上层建筑和社会基础根源，但是忽略了美国与世界的根本关系。美国不能与世界和谐相处，这种非和谐需要从过去、现实和未来三个层面剖析反美情结、反美主义和反美情绪出现的根源。

但在美国当政者的潜意识里，美国并没有错，错在对方不该有反美想法和举措，所以要去影响他们而非改变自己。种种迹象表明，美国政府和美国学者一样，没有也不可能从理念上反思自身，其针对反美的举措没有像人们预期的那样区分三类反美现象，对症下药，只是修修补补，而不能釜底抽薪。因此，反美现象注定要继续下去。美国的错误不论反美人士还是美国自身短期内都难以纠正。

许多人认为反美是因为美国的软权力下降，其实是本末倒置。后者只是结果。反美，仍然是一个美国概念；反美仍然是在仰视美国。如今，反美正成为各种政治势力表达自身诉求的便利渠道。如果真有一天，全世界都在鄙视乃至漠视美国，那可能才是真正令美国发怵的时候了。

射线三　美国神话破灭的结局

关于美国的未来走向人们通常从其国际地位是增强还是衰弱来概括，而且其中还有相对和绝对之分，有接受程度的差异，对于美国最终会成为什么样的国家，讨论得并不多。自从20世纪80年代初保罗·肯尼迪揭开美国大国兴衰的必然命运后，约瑟夫·奈不甘心历史宿命论，用软权力说挽救了人们对美国霸权的信心。无论是沃勒斯坦的“老鹰坠地”说，还是查尔斯·克劳塞默的“单极时刻”论，无论是新保守派的“新帝国论”还是查尔斯·库普乾的“美国时代终结论”，都是从美国作为主体而非世界为主体分析的，无法预测世界和美国的未来走向，也无法正确指出美国霸权，不只表现在美国超强的综合国力上，还是一种想象的霸权。

美国霸权的秘密

不从美国看世界，就要从世界看美国，从全球化时代看美国霸权。思考世界需不需要、接不接受、满不满意美国霸权；全球化时代是否从根本上摈弃美国霸权的逻辑？

世界上恐怕只有美国，一边在打仗，一边却在减税；可以置无底洞的财政和贸易双赤字于不顾，军费开支却节节攀升，达到世界军事开支总和的一半。究其根源，是因为美元虽是美国政府所发行，却为世界所广泛使用。美国完全可以借此将世界作为其粮仓，唯一顾及的是美元的信用和美元的自由流通，而这又基于美国万能、自由开放的美国信用基础上——这就不难理解，2001年安然神话的破灭

——缺少石油就没有自由！

对美国经济的心理打击为何如此巨大。美国通过其超强的军事优势与技术创新能力维系了美元的霸主地位，制造了美国天下无敌的神话。

2005年，美国国际收支赤字已达到7800亿美元的水平，超过其国内生产总值的6%，需要世界其他国家每天25亿美元的流入才能维持下去。美国的净外债已超过3万亿美元，相当于其近25%的国内生产总值。美国仍然是世界上最具流动性/最透明的市场，当对美国的美元投资变得更具吸引力时，美国举债筹资会更加容易，新的出口会减少美国的贸易赤字。

美国和世界的关系，无形中就成为债务国—债权国的关系，其他使用美元的国家成为美元人质，至今却未出现美国成为其他国家人质的情形。

美国霸权另一方面还是美国标准的体现，包括话语权。这就不难理解，美国为什么把收拾不管是真是假从事大规模杀伤性武器扩散却并未威胁美国本土安全的邪恶轴心列为首要外交使命。美国最反感的是不遵守它所制定的或不和它玩同一游戏规则的国家和势力。美国对毛泽东所言“你打你的原子弹，我打我的手榴弹”记忆犹新，在其2006年的《中国军力报告》中还特地引用了这句话。美国的超强军事优势，打遍天下无敌手的信念，不能只是从美国消费世界四分之一能源和战略通道的安全上理解。美国在140个国家和地区驻有374个军事基地，派遣30万大兵，维系的是美元霸权、美国标准和美国秩序。

概括起来，对于当今世界并存的三种国际社会：暴力逻辑主导的霍布斯状态、契约精神主导的洛克状态、永久和平理念主导的康德状态，美国的霸权手段分别是军事霸权、制度霸权和观念霸权，分别对应美国军人、商人和传教士三种角色和三种外交传统：杰克逊外交、门罗主义外交、威尔逊外交。

资中筠先生在《冷眼向洋》一书中

把美国霸权视为隐性霸权："这是指一个世纪以来，美国以它不断在科技和生产方式的创新'领导'了世界潮流，使世人身不由己地接受它的影响，跟着它跑。不知不觉间在器用、话语、生活方式，乃至品位习俗都向'美国化'发展。"[①]这是一种典型的中国文化人对美国学者约瑟夫·奈的"软权力"说的解读。除此，美国隐性霸权的更隐蔽层面是"美国－霸权"意识，或曰美国霸权说——将美国不自觉视为霸权，使得美国霸权其实成为超越美国自身的想象霸权，是殖民时代形成的西方精神霸权的美国现在延续。正如巴尔扎克当年指出的——"欧洲仍在支配世界；如果欧洲的精神霸权有可能被剥夺，那剥夺者只能是北美……"

概言之，美国霸权的秘密是制造美国神话。美国霸权的神话还可以追溯到西方殖民体系。人们自殖民时代以来形成的对西方的顶礼膜拜，形成对美国的神话，这就是美国动辄代表西方和国际社会的缘故——由此也不难看出，法国人的反美，其实是为了维护西方的正统性。举例来说，麦当劳目前在全球有1万多家分支机构，大约每隔15个小时，麦当劳公司就要开一家新的分店。在119个国家里，每天都有4700万人光顾麦当劳。而每开一家新的麦当劳店，需要向总部支付约300万元加盟费——美国就此坐收渔利，靠的是世人对美国文化的认可和崇尚。如果人们认为吃麦当劳是低级趣味，换句话说从饮食文化上破除美国神话，则美国的全球连锁店收入不知要减少多少！同样的产品，标上西方品牌，价格就会贵十多倍，其中就是西方优越感在作怪。知识产权不过是用法律和规则保护和

注

① 资中筠、陈乐民：《冷眼向洋：百年风云启示录》，三联书店2001年版，第62页。

强化了这种优越感，强化了对后发国家的剥削。例如，一台出口DVD售价32美元,交给外国人的专利费是18美元,成本13美元,中国企业只能赚取1美元的利润。一台售价79美元的国产MP3,国外要拿走45美元的专利费,制造成本要32.5美元,中国企业获得的纯利润只有1.5美元。美国商务部长古铁雷斯曾为此描述知识产权对美国经济的支柱性作用："知识产权保护是全球商业和国际贸易的一项首要任务。据统计，美国在公开市场上交易公司市值的75%——约为5万亿美元——来自品牌、版权和专利等无形资产。"因此，美国霸权的神话，建立在马克思和恩格斯在《共产党宣言》中描述过的"东方从属于西方"基础上，是西方殖民体系的现代继续，只不过，美国将启蒙运动以来先为西方倡导而后成为普世性理念的说辞——自由、人权、民主……发展成为美国信念。

如何破解美国神话？

只有自主创新，打破美国和西方标准，才能创造发展中国家的信心。如果按照西方的游戏规则，东方国家仍然诞生了比西方更多的诺贝尔奖获得者，取得了比西方更多的知识产权，西方名牌不再成为身份和地位的象征……那么建立在西方神话基础上的美国霸权就从心理上已经被打倒了。中印崛起的意义，也就在于彻底埋葬殖民体系以来的西方神话，开启真正的多元化时代。

事实一再说明，美国霸权其实是一种神话，是建立在美国信用基础上的。从金融角度讲，美国信用主要建立在美国的金融体制和美元信用基础上。先说金融体制。人们时常问，美国为什么比任何国家都更有钱？奥妙在什么地方？其实，美国经济跟其他国家的差别不在别的，而在于它有着让任何资产、任何未来收入流都能提前变现的证券化、资本化体系。中国人说"张三有钱"，意思是"张三过去已赚了很多钱"，是一个"过去"的概念。但在美国，人们说"李四有钱"，这不仅包括他过去剩余收入的总和，还包括未来各种收入的折现值，是一个"过去"加"未来"的概念。美国人可以把未来的任何潜在收入提前变现，这包括个人未来的劳动收入、生产性资产的未来收入、企业的未来收入、土地的未来收入等等，通过票据化、证券化的方式把其变现。因此，当中国人的“钱”指的只是过去的收入而美国人的“钱”已包括过去加未来的收入，美国人自然更有钱了，关键在于美国有着让人们能放心进行证券、票据交易的制度架构和金融中介体系。

这一切是建立在经济的高度私有化和虚拟化基础上的。也就是说，个人未来的劳动收入、企业未来现金流、企业资产，甚至土地都可以通过票据化、证券化，变成资本的一部分。资本化的实质就是将没有流动性的资产、还没到手的未来收入转为股份或者金融契约，让社会认购，投资者可以获得稳定回报，发行者当然能受益。与此同时，美国经济的脆弱性也就孕育其中——一旦对未来的预期由于恐怖袭击和各种不确定性大打折扣，人们甚至失去对未来的信心时，虚拟化的经济就难以运转如常。过去，美国通过其强大的经济实力和75%依赖内需的经济体系将通货膨胀和金融危机拒之门外，但是世界发展的失衡与不确定性，使得美国高度虚拟化和国际化的经济不能永远置身事外；而一旦山陵崩，后果将不堪设想。

再说美元信用。有识之士已经注意到，美元早已是维系美国作为全球唯一超级大国和帝国的关键和内核；而美元霸权是一种机制霸权。打破美元霸权，需要粉碎新自由主义意识形态和削弱美国的军事机器至其不敢轻易发动战争。这种新自由主义倡导市场万能，资本主义永恒。美元霸权要求自由、无管制的市场，要求“贸易双赢”、经济社会“线形进步”等粉饰太平的言论，实质上是新自由主义发挥作用的支柱性机制。[①]全球性问题的兴起，对全球治理的呼唤也在破除这种自由主义的神话。从力量结构上讲，美国机制化霸权的结果是其自身被机制化，正如美国前财长萨默斯所称的全球“金融恐怖平衡”格局已经形成。

机制霸权为什么也不可能？不再是机制，可能是规则、规范，机制中的世界特色越来越明显，而美国特色越来越淡化，华盛顿共识终究要为全球共识所取代。[②]概括中国发展模式的所谓“北京共识”不过是加速这一多元化进程。美国再次融入世界——观念上而非利益上，制度安排被制度所安排。

与此同时，美国的尚武外交以及过于迷信技术和军事优势，客观上却促使其他国家加速发展不对称性力量，甚至通过核武装实现某种程度上与美国的对称结构。美国很大程度上助长了大规模杀伤性武器的扩散，因为许多小国把美国视为威胁，加速发展核武，导致核和大规模杀伤性武器的扩散，而崛起中大国在与美国已经形成核均衡基础上大力发展非对称性战斗力，这些都使得美国使用军事力量越来越受限制，打破了美国同时打赢两场战争的神话。

国际货币基金组织

注

① 林小芳：《美元霸权：我们时代的痛》，《读书》2006年第7期。

② “华盛顿共识”是20世纪90年代为解决拉美经济危机提出的政策方法，涉及宏观经济稳定、开放程度和市场经济三个主要方面，主要强调财政纪律和公共部门资源配置方式的改革，主张金融、贸易自由化和放松利率、汇率及投资管制，是一种典型的经济自由主义共识。华盛顿共识一度成为经济全球化的代名词。

的统计数字表明，发达国家仍然非常信赖美元——2005年，美元仍占这些国家全部外汇储备的74%。然而，在发展中国家持有的外汇储备中，美元所占比例已从1998年71.1%的最高水平降至60.5%。美国银行首席市场战略家约瑟夫·昆兰说，这一变化不仅仅是因为人们对于美国的巨额债务感到不安，而且也是一些政治因素使然，包括“美国领导的伊拉克战争不得人心”，“美国贸易保护主义的威胁日益严重”等等。

美元只是缺乏全球性交换工具的选择，随着全球化和地区一体化并行不悖的发展，全球货币难以用美元结算，更重要的是地区一体化导致的地区货币，破除美元的垄断地位。技术创新破解美国知识产权的垄断。随着美国本土安全成本的提高，美国越来越难以支付全球公共产品应对开放社会和跨国事务。种种情形，将打破美国包打天下的神话。

全球治理为全球帝国的形成提供了必要性，美国也试图成为新帝国，但是美国成为全球性帝国之不可能，就是美国成为地区强国的必然。

美国成为地区强国对世界与中国意味着什么？

总之，全球化、多元化、地区一体化的发展，破解美国神话，使得美国终将成为地区强国。

美国自身力量发展的不平衡——军事上的超强优势、经济上只是世界多极中的一极、政治上只能走大国协调道路，使得美国的国际地位产生约瑟夫·奈讲的“三维棋盘”效应；世界发展的不平衡、美国与世界关系的不和谐，使得世界不需要、不满意、不接受美国霸权。伊拉克战争是试金石，将这三种不平衡、不和谐充分展示出来。

基于地区一体化发展的趋势，全球性霸权将越来越不可能。美国终将退居美洲大陆的地区霸权，成为固守美洲大陆而具全球影响的地区强国——美国试图创建跨大西洋自由贸易区的努力并不能挽救这一趋势。这对世界到底意味着什么？

无论是米尔斯海默的“离岸平衡手”还是布热津斯基的“大棋局”，抑或国内学者概括的美国“机制霸权”，都难以反映当今世界的新变化：民族国家只是国际社会的主要行为体之一，跨国事务、全球与地区治理要么让美国丧失原来的机制霸权——联合国、G-8并非美国说了算，要么创新动力并不来自美国。多元化、跨国化、全球化需要突破国家界限，管理和规划跨国公司行为，通过征收托宾税[①]等形式从根本上解决世界发展不平衡和不和谐等问题。谁能倡导并真正引导实施这些构想，解决当今世界面临的根本问题，谁就将崛起为世界领导国家。

布氏在《大棋局》最后写道，“从长远看，全球政治注定会变得与一国独掌霸权力量的状况越来越不相协调”。作为第一个也是最后一个真正全球性超级大国的美国，其所发挥作用的恰当遗产是，“在今后的几十年中，一个基于地缘政治现实并能够发挥作用的全球合作结构可以这样产生，并可逐步接过目前暂时负责维护世界稳定与和平的‘执政者’的衣钵”。[②]不过，布氏并没有指出美国不能成为全球性超级大国将会成为什么样的国家。米尔斯海默在《大国政治的悲剧》一书中也认为，由于大洋的限制，全球霸权是不可能实现的，美国只是离岸平衡手。

然而，布氏仍在权力场、地缘均势，重弹美国例外论和美国优越论的老调——民主桥头堡，其一，民主化是否可行？是否为当地人接受？其二，美国式民主能否解决问题？美国要成为大棋局的仲裁者，给多样性的世界用单一的美国标准来衡量，是否可行？随着美国国内越来越多元化——少数族裔已占美国人口的1／3，美国的国外行为越来越难以赢得国内共识。例如，有个男孩说他是“一名美－亚混血儿，和犹太继父一起过献殿节（Hanukkah），和笃信佛教的母亲一起拜佛，还和信仰基督教的生父一起参加午夜弥撒并等候圣

注

① 美国耶鲁大学经济学教授詹姆斯·托宾20世纪60年代初担任肯尼迪总统的顾问，是1981年诺贝尔经济学奖得主。他在20世纪70年代初提出过一个主张：对所有的外汇交易征收比例很小的税金（比如0.1%、0.5%），将由此征得的资金用于克服世界上的贫困。不过他明确说，设置这项税收的主要目的则是“向市场经济的齿轮系中抛沙子”。

②【美】布热津斯基：《大棋局》，上海人民出版社1998年版，第274页。

诞老人从烟囱中降临”。随着这种情况在美国人口中日益增多，美国对中东事务、东南亚事务的干预，怎能不受到这些人的信仰和归宿的影响呢？美国的理想主义外交传统和美国性，如何表达才能得到国内民意支持？亨廷顿意识到了这一问题，布氏在《大失控与大混乱》中也表示忧虑。第二次世界大战以来，世界的美国化；如今，美国的世界化。

思考对全球负责任之道而非追求自私自利的软权力，成为中国软崛起的动力。中国的困境，内涵——和谐世界、外延——国际关系民主化。如果中国成功实现可持续的硬崛起，又适时实现软崛起，将实现崛起的乘数效应。中国到2006年10月时持有的美元储备就突破1万亿美元。中美两国早已成为一根绳上的两只蚱蜢。因此，如何防止美国急遽衰落，将成为中国外交的最大挑战，正如当今美国的重大挑战是如何应对中国的快速崛起一样。美国届时不仅要放弃全球强权的念头，而且还应感激中国设计了这套最能确保其利益的美国成为地区强国的秩序安排。美国的最终战略是与中国合作，确保美国成为与众不同的地区强国——多元社会、两面靠洋、新型移民国家。尽管它现在仍然指望设计一种秩序，俘获中国崛起的力量，正如当年对待日本那样。两种秩序设计的竞争，还将持续相当长时期。

结合现实主义和理想主义，切实可行、普遍认可的全球共识，中国的崛起将超乎想象，正如美国的衰落超乎想象一样。历史不止是提供中国以机会，但作为文明古国，连续的文明体，中国肩负更大的希望。

跋

世界的美国化还是美国的世界化？

只了解一个国家的人，实际上一个国家也不了解。因为不考察一个国家与其他国家的区别，是不可能真正了解这个国家的。[①]

——【美】李普塞特

注

① Seymour Lipst, American Exceptionlism:A Double-edged Sword (New York: WWNorton & Company,1996),p.17.

Postscript

对于美国，李普塞特的这句话恐怕要改为，要了解美国，就要回到美国与世界的关系，考察“美国的世界”与“世界的美国”如何互动。美国神话终结为地区强国，这只是未来趋势。在今后的相当长时期，美国仍然是世界上唯一的超级大国，美国神话仍将继续。如何解读终将演绎为地区强国的美国神话，分析这对世界和中国意味着什么，以及如何把握中美关系的未来走向和世界意义，这是探讨被神话的美国所应有的主题，也是本书的归宿。

世界的美国化，是许多美国人孜孜以求的梦想，以为这样美国就将高枕无忧，世界各国就会臣服于其“领导”。一些国家的发展的确一定程度上在美国化，但也在脱美国化，甚至反美国化，因为多元而非单一的世界更为人们所乐见。美国模式并非包治百病的药方，可能还是导致新疾病的根源。具有讽刺意味的是，美国追求美国化世界的结果也是美国在世界化的过程。以至于今天美国不断有人扬言美国要退出全球化，不止是美国从全球化得不偿失，而是美国霸权衰落的必然表现。让我们看看“世界的美国化”是如何导致“美国的世界化”的……

美国的衰落还是美国神话的衰落？

本书的逻辑，并非目睹美国如今麻烦不断局面的有感而发，也并非从中国

视角和中国情感看美国，而是长期观察美国的结果，是笔者极力倡导的从世界看美国的阶段性认识；其论证也并非局限于美元危机、大国的兴衰历史法则，而是从大历史的角度、现实的认同政治、全球化与美国化的悖论等多角度透视得出的结论；其用意在于呼吁改变塑造、认同美国神话的多而终结美国神话的少，以及将世界的未来和中国的战略过于寄托于美国霸权的神话这种局面。

让我们重温本书一开始引用的美国史学家伯尔纳德·德·渥托说的那句话——“美国历史是最浪漫的历史。它起源于神话，其发展离不开几个世纪的神话故事……我们的历史是作为梦想开始的，并且作为梦想一直延续下来……关于我们的梦想，最要紧的有两点：一是只有迷狂者才能怀有这些梦想或者才敢做着这样的梦；二是我们在实现这些梦想方面已经显示出巨大的才能”。至此便不难明白，美国梦创造了美国比其真正实力更强大的印象，这就是所谓的美国神话。美国神话的悲剧在于，强大美国的存在，却是建立在虚无之上。

“美国例外论”表明，传统大国的兴衰律对美国并不适合。美国也的确有不少人坚信美国超越了一切历史定则，而要终结人类历史，表现出美国人把国家作为目的而非手段的天真。作为一名美国研究者，我深知美国的强大，以及这种强大对中国和世界意味着什么。但我并没有基于对美国的感情讨论其未来，也并未受中国崛起之鼓噪，而是深深地忧虑于世界的未来——美国的命运和中国的作为，只有置于世界发展大势来思考方能把握其脉络。

全球化和区域化的发展，从根本上摈弃霸权，国家在全球政治中的作用，并非

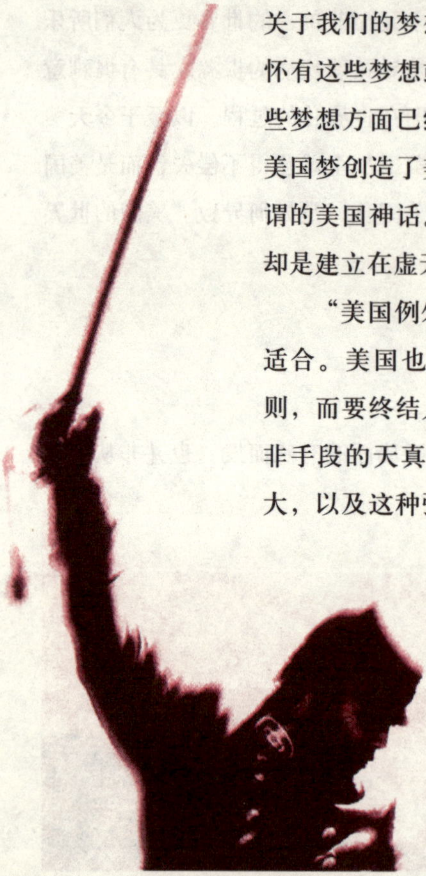

万能，超级大国也不例外。这不是美国人和美国霸权的瘾君子或患美国霸权依赖症的人所能左右的世界发展大势。全球治理呼吁国际关系民主化，世界多样性呼吁发展模式多样性——作为世界多样性的反映，美国人口构成的多样性达到史无前例的高度。我要思考的不是美国是不是万能的问题，而是面对世界发展趋势，美国所万万不能的——新帝国的思维、天定命运观和美国例外情结万万不能再继续美国神话。

保罗·肯尼迪和其他美国学者讨论大国的兴衰和美国霸权的逻辑，其实是警惕美国避免过度扩张带来必然衰落的命运，仍然指望保持美国的强大，仍然从美国看世界。这是我们要超越的；我们同时超越的是从中国看世界，从中国的未来看美国的现在，而应把注意力放在世界面临的主要矛盾及中国面临的挑战与机遇上，也就是要从世界看美国，从世界看中国。

当前世界面临的主要矛盾是从有序走向新的无序。原来的有序深深带有美国霸权的烙印，现在的无序则与美国霸权的衰落密切相关。因为传统的国际机制塑造了其主要对手，美国在亲手扼杀它以前创立的国际机制；贸易、财政和道德赤字使美国越来越难以提供国际公共产品，国际行为从多边转向单边和双边；与此同时，全球化导致世界发展不平衡，非国家行为体崛起和非传统安全问题凸现，冲击着以民族国家为主要单元的国际体系。美国不作为和全球化作为两方面因素的结合使得扩散、安全、环境等问题成为国际体系既得利益方的重大挑战，联合国、世界贸易组织面临着虚化、边缘化的威胁。这给新兴大国尤其是中国，带来新的挑战，也提供了重组国际秩序的战略机遇期。已有学者指出，如果谁能在寻找新的替代能源上领先，谁就将崛起为世界的领导型国家。当前世界的乱局在于，美国霸权的衰落是与威斯特伐利亚体系的终结同时进行的，世界的失衡，是与美国的失范并行发展的。世界面临着美国用超强军事实力来维持美国神话的脆弱性和危险性。

古往今来，霸权的秘密不外乎制造神话；一旦神话破灭，霸权将陷入墙倒众人推的境地。我没有试图捅破美国霸权这张纸，因为这不合时宜且为时尚早，但作为与现有国际体系利益攸关的中国， 当未雨绸缪、顺势而为。首先必须认清这个“势”，然后才能抓住战略机遇，实现崛起的乘数效应，而非简单的量的积累。不是我总想着美国要衰落，美国提出“利益攸关方”就已承认其霸权衰落，只不过还在指望实现霸权减负和转型，试图俘获新兴力量重塑国际秩序。在从暂时的无序走向新的有序之前，要防止美国霸权过快衰落。

美国如何应对自身的衰落？

2006年9月，美国新版《打击恐怖主义的国家战略》出台，将推进高效民主作为赢得反恐战争的长期战略，并通过建立和保持问责性的国际标准使各国履行反恐义务，加强联盟和伙伴关系等举措使反恐战略制度化。新战略将反恐战争界定为思想之争，誓言“通过扩大影响的计划和公共外交，我们将揭露恐怖分子进行暴力活动的极端主义意识形态的本质——一种步法西斯主义和纳粹主义后尘的极权主义。……冷战期间，我们创建了一系列的国内和国际机构和持久的伙伴关系，以挫败共产主义威胁。今天，我们要求建立类似的转变机构，以推进反恐战争，帮助确保我们最终的成功”。

新的反恐战略是在思想制度层面塑造新的国际秩序还是在国内继续美国神话和美国梦？是新的战略扩张之举还是应对自身衰落之道？恐怕是兼而有之。毕竟，“9·11”事件对美国的最大冲击之一是破坏了美国作为自由安全的投资场所的形象。因为美国经济强大的重要表现是金融自由化，即美国吸引的外资多于美国对外投资；而在国际上，美国在恢复国际社会对美国软硬权力衰落的信心，借助反恐战争加强新国际标准的制定，改造、强化国际组织，重新掌握道义制高点。

新战略将反恐战争地位抬到和冷战一样高的地位，这究竟意味着什么？美国所面临的主要矛盾要求我们重新认识美国的力量构成。

美国力量如何构成？

第一层面是物质力量，主要指经济和军事方面，美国在这两方面的绝对实力都在增强，短期内甚至还在拉大与竞争者的差距。但是从长远看，经济全球化导致世界经济和国内经济发展失衡，以至于美国调节国内外经济政策的能力都在下降；与此同时，由于新兴大国崛起不可遏止，美国经济的相对优势地位和相对经济实力在下降，世界经济多极化的局面已经形成；不仅如此，由于核技术和核武器的扩散，尤其是越来越多的国家拥有核武器，形成相对美国的非对称性均势。总体结果是美国物质力量的相对衰落。

第二层面是制度力量，主要指美国维持传统国际体系方面面临重大挑战，无力或不情愿维系以联合国为基础的传统多边秩序，从提供全球公共物品的霸权堕落为求得本土安全的自私强权。这是我说"防止美国过快衰落"的原因。相反，地区机制建设在世界各地方兴未艾，美国担心其影响力受到挤压，甚至被边缘化。当然，美国制度力量的堕落，还源于其过河拆桥行为等自身战略的矛盾性及外交准则的多重标准。比如，偏袒以色列、美印核协议是破坏核不扩散体制的典型行为。

第三层面是观念力量，美国的全球影响力由于其滥用武力和先发制人不断下降。美国企图以民主化战略改造中东、中亚的大中东、大中亚计划基本上失败，反美成为一种全球现象。不仅如此，在传统的优势领域，如全球政治经济号召力也在下降。中国已经代替美国成为吹奏市场经济号角的桥头堡，发出支持全球自由贸易的最大声音。相反，全球化造成美国社会的两极分化，国内甚至出现退出全球化、反对自由贸易、提倡贸易保护主义的经济民族主义声音，美国民众和政治精英普遍产生全球化失落感和焦虑感。

总的说来，物质力量的相对衰落、制度力量的堕落、观念力量的失落，是美国面临的主要矛盾。然而，这只是美国在全球化第一波的处境。冷战结束以来，美国大战略一直处于塑造世界还是改造世界间摇摆。世界银行2006年底发表的报告《2007全球经济展望：应对下一波全球化浪潮》显示，我们即将进入全球化的第二波。

应对衰落，美国三管齐下

新保守主义的失败表面上是美国硬实力的透支和软实力的不济，实质是三层面力量的不平衡：滥用美国物质力量，高估美国的制度力量，损害美国的观念力量。其结果是美国深陷伊拉克战争泥潭，抽身是迟早的事情。这一点，已经为2006年的中期选举结果所充分佐证。

应对全球化第二波，防止过快衰落，美国正在反思其战略，从力量三层面着手，即遏制颓势、恢复优势、塑造强势，实行战略突围和解套。

——遏制颓势。面对美国物质力量的相对衰落，美国的应对之道是三管齐下遏制颓势：引导、控制和防范。所谓引导，即将可能对自己形成挑战的力量增长引导至一定轨道，并最终纳入美国主导的制度层面。比如美国对朝鲜核问题，如果物质力量方面的扩散不可避免，则试图通过制度层面套牢。控制主要是控制新兴大国崛起的节奏，通过战略对话影响中国政治经济改革的速度，减少中国崛起对美国的冲击并分担美国债务霸权的责任。防范即在引导和控制失效的情形下，着眼于安全上堵死中国等新兴大国其他可能导致挑战美国霸权的道路，使后来者在权衡利弊后知难而退，只能进入美国留下的唯一活口。

——恢复优势。发挥优势，避免劣势，美国也不例外。美国的优势在军事、在传统对安全机制的主导地位上，劣势在经济相对力量下降和空前的债务霸权。因此，美国的战略是塑造地区安全一体化秩序以抵消地区经济一体化对自身影响力的侵蚀。当然，不放弃经济一体化的冲动，比如面对中国在亚太地区的经济外交攻势，鼓吹亚太自由贸易区，倡导跨大西洋自由贸易联盟等。除此，通过知识产权等强化规则和标准的制定。一句话，通过霸权减负和转型，着眼制度力量恢复美国的战略优势。

——塑造强势。为扭转美国观念力量的失落，美国转而打造“民主同盟”理念，①重塑国际社会共识。与此同时，大力推进公共外交，重拾观念的力量，挽救下滑的软实力，应对全球反美趋势，改善美国的国际形象。这些都是美国从以武力推行民主的伊拉克陷阱中汲取的深刻教训。今后美国的战略推行将更隐蔽，更具挑战性。

鉴于美国三方面力量遭遇的挑战及可能的反弹，中美关系面临着大发展的战略机遇期，并集中体现在应对全球化挑战的道路选择，以及由此催生的世界新秩序选择上。这就是中美关系具有全球意义的潜台词。

历史给了中美两国探索从安全领域构建国际和地区秩序的机遇，这就是旨在解决朝鲜核问题的六方会谈。六方会谈不止是为构建东北亚安全机制提供可能，更为中美合作缔造和谐亚洲与和谐世界提供了历史性机遇，为改变美国仅

注

①“民主同盟”（Concert of Democracies）准确的翻译是“民主国家间协调”，是普雷斯顿计划的核心概念。该计划由普雷斯顿大学威尔逊国际关系与公共事务学院组织，联合美国跨党派的400多位专家学者、前政要和知名人士历时三年撰写完成，于2006年9月发表《铸造法制下的自由世界》报告，希望为美国未来政府提供国家安全战略构想。

通过战略经济对话与中国创立国际新秩序的一条腿走路局面提供了可能。从这个角度讲，中国难以承受六方会谈失败的代价。

随着中国崛起日益从经济层面上升到政治安全层面，未来中美战略合作构建国际新秩序将具有日益广阔的空间。时下，美国正酝酿战略调整，共同应对全球化挑战需要大国协调，中美经济高度相互依存，种种因素为中美深化、平衡战略合作提供了历史性战略机遇期。对此，我们要有足够的信心和思想准备。

世界是椭圆的：中美是圆心

地球是圆的，而世界是扁的。

地球之所以是圆的，是减少在宇宙中自转的阻力；世界之所以是扁的，是被不平衡的力量所拉扯。

这种不平衡的力量，就是地区一体化对全球化的反抗及形形色色的反全球化运动，其肇因是全球化的单向度发展。单向度的全球化是人类面临的首要挑战。

所谓单向度的全球化，说的是西方化的全球化。目前的全球化本质上乃是一种西方本位的单边主义全球化，必须从根本上改变，否则即会被各式各样的自由贸易区代替。方兴未艾的自由贸易区建设，同时推动了地区安全一体化的诉求，导致冷战结束后弥合的世界重新走向分裂和失衡。

这一切是如何形成的？

让我们从大历史观重新审视全球化历程。

三重历史观看全球化

1．大历史看全球化：1500年以来的世界

1500年之前，人类社会生活的第一阶段，可以称之为丛林阶段或山丘阶段，即由一个个帝国、王国组成的陆地强国体系并存，相互之间很少往来。人与货物的往来主要局限于各区域内部。这种各自演绎的帝国体系内，尽管冲突和战争不断，但由于是区域性、局部性的，只能称为丛林战。

1500年以后的世界，随着地理大发现，海水将原本分离的大陆板块连结在一起，海洋成为大国崛起的平台，推动了全球化时代的到来，世界从山丘阶段进入第二个阶段，即海洋时代。

大国从海洋上崛起，全球性的大国也就是海洋大国。分割的生产方式被资本和自由贸易的力量所打通，全球市场开始形成。市场经济模式的拓展推动全球化发展，刺激了陆上强国扩张至海洋边界，催生了葡萄牙、西班牙、荷兰、英国、法国、德国、俄罗斯、美国等八个世界性大国依次登上世界霸主的舞台。霸权和殖民地争夺战成为这一阶段的主要冲突形式。这八个大国崛起，基本上实现了三大力量的一方面或全方面领先世界一步：

——物质力量：通过殖民和掠夺，全球财富向西方集中，可以说是整个世界供给了西方的繁荣。

——制度力量：通过技术和制度创新，将全球生产连为一体，通过自由贸易这只看不见的手，将世界编织成一张“中心-边缘”的分配网络。

——观念力量：通过传教士、商人的足迹，将西方观念通过商品和资本源源不断地输送给非西方世界，使之走向以西方为模板的现代化道路。

然而，全球化只是以西方为圆心的全球资本主义化，其基本前提是西方始终处于技术、信仰和制度的中心，为国际体系提供全球性公共物品。但是，随着富裕的西方社会日益走向福利化，加上技术对劳动力的代替，人口再生产动力普遍不足，老龄化现象日趋严重，非西方国家在人口方面渐渐占据优势。如今，除了美国外，西方主要发达国家基本上人口都在减少；而美国的人口增长主要来自移民。西欧国家普遍面临非法移民和国家认同的挑战，滋生和助长了针对西方的恐怖主义事件。与此同时，技术的扩散，制度的借鉴和效仿，也在挑战西方的优势地位。西方国家转而借助知识产权的梯子效应来保护技术优势，塑造新的民主同盟来构建统一战线。如今，西方不仅不能执全球化之牛耳，而且成为反全球化的首要受害者。以西方化的全球扩散为表征的全球化阶段遭遇中心塌陷的局面，出现了以针对西方的恐怖主义为主要特征的非对称性战争形式——地雷战、地道战。

由于全球化的受挫，区域一体化成为各国联合自强的主要选择，出现了以欧盟、美洲自由贸易区和可能的亚太自由贸易区为表征的三大地球板块之间的竞争局面，世界进入以经济多极化为特征的板块阶段。地区化的发展即将把人类带入第三阶段，即平原阶段，也可视为海洋外溢至陆地的结果。由于海水淹没了陆地的差异性，弗里德曼说，这样的世界是平的。

2．小历史看全球化：冷战结束以后的世界

平原时代的到来，是对全球霸权的否定。为应对这种挑战，美国正在开启太空时代。2006年10月6日，美国总统布什签署行政命令，正式发布了新的《国家太空政策》，宣称美国“日后会拒绝任何制约美国太空行动的武器控制谈判，并重申有权拒绝让任何‘敌视美国’的人士进入外层空间”。“美国在太空享有绝对自由行使权……而在必要的情况下，将不予承认敌对国家自由行动的权力。”

冷战结束以后，美国成为无可匹敌的唯一超级大国，世界进入所谓的单极时刻。美国竭尽所能将单极时刻变成单极时代。开启太空时代，即是美国要将竞争对手远远抛向旧时代的重大努力。无奈，滥用无以匹敌力量的结果，导致针对美国的“9·11”事件的发生。

更重要的是，随着“金砖四国”的崛起改变了国际力量格局。2007年的世界经济论坛年会主题便是“变化中的力量格局”。这清楚地表明，美国不再引领经济全球化。《国际先驱论坛报》就此评论说，“全球化已经不再是美国引领的一种现象了。现在，全球化属于能够找到办法利用全球化带来的机遇并将它造成的混乱减少到最低限度的所有国家”。[①]

3. 无历史看全球化：全球化的潜规则

看来，除了传统的市场经济法则和西方观念外，全球化还具有潜规则；正是这些潜规则在不断消解西方的优越感和美国霸权。这些潜规则，就是对同化世界的反抗——和而不同。全球化的根本问题就是试图以同化消除矛盾，结果制造了更大的矛盾——

从横向看，世界是平的。从纵向看，世界是失衡的。

世界不是平的，而是失衡的

从世界经济，尤其是金融领域来讲，每天的全球衍生金融交易量2万亿美

注

① 内森·加德尔斯：《美国不再拥有全球化》，《国际先驱论坛报》2007年1月24日。

元，接近于美国全年的国民生产总值。高度虚拟化的经济，依赖的是信用体制。参与交易的得益者都是这种信用体制的维护者，这首先包括跨国公司，因此形成了跨国公司联盟。如何向跨国公司征税，以弥补国家力量的不足，成为能否纠偏全球体系运转的关键。“托宾税”就是纠正国家行为的跨国公司化的有益尝试；其次是跨国公司的母国和投资对象——新兴崛起中的大国，两者组成了新的大国协调机制。这两股力量结合在一起对违反信用的势力斗争，形成了当今世界政治的主旋律。反恐、反扩散等就是全球化受益者向挑战者的宣战。

然而，世界的不平衡不仅指各国、各地区发展的不平衡，更包括三方面内涵：从安全角度说，各国安全之和不等于世界安全，或者说世界的整体安全不是不可能就是日益不可行，各国退而关注本国安全。从贸易上讲，全球洗钱数额超过贸易总额。自1990年以来，全球贸易总额从5万亿美元上升到10万亿美元，而全球洗钱的数额则达到15万亿美元。这当然是全球化导致国界日益开放、规则不断被规避的结果。从资源上说，世界自然基金会新近发布的《生命行星报告》显示，近20年人类活动使地球自然资源消耗的速度比资源再生速度快了25%，照这样下去，到本世纪中叶，地球的生态环境很可能面临崩溃境地……

美国挟持了世界，而中国挟持了美国

世界的失衡，如果从国家层面追究原因，美国难辞其咎。

冷战结束以后，世界市场重新从分裂的东西方阵营回到一体化的状态。随着越来越多的国家加入世界贸易组织，世界贸易飞速发展。但是，世界贸易的70%以上通过美元结算，于是随着世界贸易的成倍增长，美元也需要成倍投放市场，而且由于金融的自由化导致游资和热钱数额飞速扩张，致使在美国境外流通的美元几十倍于美国的国民生产总值。美元为美国一家发行而为世界广泛使用的结果，使得美元贬值不可避免，美国经济高度泡沫化、虚拟化。为遏止

这种趋向，美国通过发动战争、发行国债等途径转嫁通货膨胀，彰显其铸币税优势。整个世界的贸易和投资高度依赖美元，其结果是美元挟持了世界经济。时至今日，美国每天要从世界借债25亿美元才能维持经济的正常运转。于是，美国债务霸权成为我们时代最大的痛。不仅如此，美国因为担心世界各国集体向其讨债，将军队打造成为天下无敌的境地，军事开支占据世界的一半。美国军事又高度挟持了世界安全。

与此同时，随着全球产业向中国转移，显著改变了西方内部流动的全球化法则，中国的快速崛起成为我们时代最显著的特征之一。美国强烈感受到中国的威胁。其实，不是中国威胁，而是威胁集中在中国。然而，真实的情形却是，中国等世界主要经济体高度依赖美国出口市场，积累了高额以美元为主体的外汇储备，不得不大量买进美元，以维持美元的汇率，避免损失。美元的低利率和低通货膨胀，似乎要靠强劲的“中国制造”来维持；中国一下子成为巨额财政赤字、贸易赤字和金融赤字的美国救星。其情形正如诺贝尔奖获得者、美国经济学家克鲁格曼所言，“美国是这样一个国家：人们靠卖房子为生，人们买房子的钱又来自中国”。美国前财政部长萨默斯甚至断言，中美处于金融恐怖平衡。

如今，中国对美外贸顺差近2000亿美元；中国的外汇储备超过万亿美元，持有的美国国债超过3400亿美元，全球经济增长的一半来自中国和美国。

于是，一种奇异的局面出现了——美国挟持了世界，而中国挟持了美国。

中国是延续美国霸权的希望而非挑战

以上情形，要求我们超越美国

关注和西方关怀，从世界角度和时代高度看待中国崛起，重新思考中国崛起对美国的意义。

有关中国崛起有两种典型的不同解释：一是中国崛起意味着中华民族的伟大复兴；二是中国崛起是全球化的杰作。如果是前者，难以逃脱国家兴衰的定式；如果是后者，崛起只是一种幻觉——是全球性产业转移借助中国的躯壳承载而已！比如，中国的经济总量不能用GDP来衡量，不只是因为人均GDP排在世界第110位，而且因为中国对外投资很少而吸引外部投资巨大，与其他发达国家藏富于外不好比。中国巨额外汇储备，还是全球化导致的全球藏汇于中国的真实写照。

其实，中国的崛起是亚洲崛起或发展中国家整体崛起的体现，是后西方全球化时代诞生的第一声啼哭。历史上，美国崛起超越了西欧民族国家崛起的任何一种模式，是全球财富和创造力向美国的集中；今天，中国崛起也不同于历史上任何大国崛起（中国甚至不是民族国家），而是全球产业向中国转移的结果。

对美国霸权、西方优越性或世界体系而言，许多人断定崛起的中国是个威胁，其基本前提是美国霸权、西方优越感或世界体系本身是稳定的、可持续的，不需要变革。这与单向度的全球化情形显然不符。

单向度全球化——西方化的全球化，导致对全球化的反动，而为区域性自由贸易区取代，使美国逐渐发展成为地区强国——“民主同盟”设想将加速美国从全球霸权堕落为地区霸权。这样，要维护美国全球性强权的存在，就必须维持全球性体系的存在。如今，崛起中的中国是维系传统国际体系的重要支柱，是改变单向度全球化的根本动力和希望所在。因此，中国是延续美国霸权的希望而非挑战。

判断中国崛起的机遇与风险，要超越能力与意图的二分法思维定式，而从中国力量结构和生成机制上分析。面对单向度的全球化，不是中国威胁，而是中国不崛起的威胁！其情形正如美国财长保尔森所言："我们面临的最大风险不是中国将赶上美国，而是中国没能继续进行维持增长和解决该国面临的非常严重的问题所必须的改革。"[①]而中国就是通过既改革又开放来实现和平崛起的。中国的和平崛起，才能维持美国全球霸权，尽管常常以挑战美国地区霸权的虚幻为表征。

未来中美如何开创蓝海?

越来越多的情形表明，世界既不是圆的，也不是平的，而是椭圆的，中美是两大圆心。

当今世界上，中美关系具有全球意义。中美两国依次成为世界经济政治的发动机—机翼（平衡器）—驾驶员。中美关系不同于冷战时代的美苏对抗关系，而是相互协作的连动关系，正如椭圆的两个圆心，带动椭圆形全球化向前运转，这种全球化不同于西方化(美国化)的圆形全球化。世界越来越难以承担中美交恶的代价；中美竞争只能超越红海，进入蓝海。[②]

然而，中美面临着大博弈的前景，集中在应对全球化挑战的道路选择，以及由此催生的世界新秩序选择上。

经济全球化不平衡发展不仅催生了地区经济一体化，而且导致了世界经济的多极化。为应全球化与地区化的矛盾，美国正扬长避短，以安全力量为主导

注

① Remarks by Treasury Secretary Henry M. Paulson on the International Economy at Treasury Department, Washington, D.C. September 13, 2006 See.http://www.ustreas.gov/press/releases/hp95.htm

② "红海"、"蓝海"的提法借鉴了《蓝海战略》（W.钱·金、勒妮·莫博涅著，商务印书馆2006年版）一书的思想。该书提出企业竞争要超越"红海"，即竞争激烈的已知市场空间中，不与对手争抢日益缩减的利润额，而应该开创"蓝海"，即蕴含庞大需求的新市场空间，以走上增长之路，也就是实现价值创新。

构建地区和全球新秩序，对抗经济地区化和全球化的挑战。

美国人在冷战结束时曾以为全球化就是美国化，因而加速推进全球化，极力对中国推行接触政策。如今时过境迁，美国成为反全球化的冤大头，滥用打赢冷战红利的结果是其自身力量日益不济，不愿或无力继续提供维持传统以联合国为主体的多边国际秩序的公共物品，指望中国、日本、印度承担更大责任，指望实现自身的霸权减负和转型，悄悄地构建新秩序：安全上，打造全球化北约，推广防扩散安全倡议（PSI），实施千舰海军计划，抬举日本成为亚洲的英国；经济上，将中国、印度、巴西定位为负责任的利益攸关方，甚至分封中国为世界经济领袖；政治上，鼓噪以“民主同盟”代替联合国，抬举印度为全球性伙伴，抬举印度崛起模式，等等，这些无不是探索建立世界新游戏规则，乃至打造世界新秩序的尝试和努力。

与此同时，美国认识到中国的崛起不可阻挡，未来的世界越来越需要中美合作来管理，于是没有放弃与中国探索共创世界秩序的努力。刚刚启动的中美战略经济对话，除了管理具有全球意义的两国经济关系、协调中美两国的全球化战略外，一个重要使命就是两国从经济领域磨合、建构新的国际秩序。然而，战略经济对话只是一条腿的，如果不结合战略安全对话，中美不全面、共同谋划未来世界秩序，则未来的世界仍然难以和谐。这种局面是美国对华战略接触和防范的两面性造成的。亚太地区尤其展示出两种图景，即以经济为主导的秩序塑造和以安全为主导的秩序塑造。前者以中国为推手，而后者以美国为推手，这也反映了全球化和地区化的矛盾。未来如果不是殊途同归就是相互竞争和对抗，新的秩序仍然面临变数。

在构建未来国际秩序问题上，传统国际秩序的解体或失效将是中国面临的最为关键的国际因素。缺乏构建未来国际秩序方法和结局的共识，将是制约中美关系发展的根本障碍。

应对世界是椭圆的挑战，开创椭圆形全球化的战略机遇期，中国，你准备好了吗？

后记

本书最初思想源于2003年5月19日发表在《经济观察报》的同名文章《被神话的美国》。此文产生较大社会反响，可以算得上我媒体文章的成名作。正是看到此文，中国社会科学出版社的编辑耿华军先生来信，策划书稿。

本书的初稿是2005年在首尔完成的——在韩国为期十个月的教学生活和访问经历也提供了我从小国窥视大国本质的极好机会。我在韩国的邻居、中国改革开放论坛的吴耀琨先生认真阅读了本书初稿，提出许多中肯的意见，谨致谢意。人类共赢研究所马国书所长是我的好友，和我交谈中始终提醒我研究美国金融霸权的重要性，并以其研究和美国经历丰富了我对美国的理解。

由于要寻找到符合本书意境而独到的图片是一个挑战，因此也耽误了出版时间。在这方面，要特别感谢上海图书馆的夏磊女士费心寻找图片。后来，本书策划耿华军先生离职，出版工作停顿了一年。后经出版社有关负责人的进一步策划，责任编辑门小薇女士细致入微的编辑，终使本书得以面世。

书稿完成后，曾送给资中筠、王缉思、余万里等学者指教；笔者对美国的理解，离不开这些前辈和同行的启迪和鼓励。他们时常提醒我，研究美国要深入、进入忘我境界，同时不是为了研究而研究，要有中国意识，具备中国视角，发展中国方法，使我受益匪浅。书中，笔者力数美国反对西方、反对美国、反对世界的悖论，也是为了指出中国崛起应汲取美国脱离世界的深刻教训，实现中国与世界的和谐相处与完美融合。本书希望通过神话美国的认识经历，探讨中国人创造美国神话的心结。

能够第一次离开地面，踏上美国的领土，作为复旦大学－耶鲁大学福克斯国际学者项目交换学生在美国学习，这归功于我的恩师——倪世雄教授、沈丁立教授的推荐。他们分别是复旦大学美国研究中心的前主任和现主任；沈教授也是复旦－耶鲁交换学生项目的中方奠基人。我也要感谢当时的复旦外事处处长黄勇民教授及其他领导的认可，感谢所有促成和服务于这一项目的中美人士。福克斯项目，彻底将我变成了致力于太平洋两岸沟通与合作的“中美人”。

谨以此书献给耶鲁大学福克斯项目的捐助者Mr.& Ms.Fox—— 是他们为我开启了研究美国、观察世界的窗口。

耶鲁大学公共卫生学院的刘有成教授是我在美国最好的朋友，他是我在美国的向导；没有他，我对美国的了解将狭隘许多。

感谢我的妻子江洋博士，她常常是我文字的第一位读者，帮助我去除了许多男性的鲁莽，展示了人世间的细腻与温柔；还有我的母亲和两位姐姐，她们是我内心永恒的神话。谨以此书献给所有启迪我、帮助我、鼓励我成长的美国友人和中国亲人。

王义桅

2005年12月6日初稿

2007年9月28日定稿

于复旦大学美国研究中心